ゼロからはじめる
ICT授業の
つくり方

歴史

山岡晃 編

山川出版社

はじめに

　現在、多くの人が新型コロナウイルス感染拡大による社会の変化を実感しているのではないでしょうか。歴史を振り返れば、感染症の拡大は世界でこれまでに何度も起こった事象ですが、2020年からの新型コロナウイルス感染拡大は、私たちの社会に大きな影響を与えました。もちろん、学校現場に与えた影響もはかり知れません。

　感染拡大以前の2019年12月、文部科学省が「GIGA スクール構想」を発表しました。概要としては、「1人1台端末」と「通信ネットワークを一体的に整備」することにより、多様な子どもたちに対する個別最適化学習をおこなう教育 ICT 環境を実現することと、これまでの教育実践と最先端の ICT のベストミックスをはかることにより、教師・生徒の力を最大限に引き出すことです。この構想は新型コロナウイルスの感染拡大以降、積極的に推進され、2021年7月末時点で全国の公立小学校等の96.2%、中学校等の96.5%が「全学年」または「一部の学年」で1人1台端末の利活用を開始しているという状況になっています。このように感染症の拡大という負の要因が、遅れていた日本の ICT 環境を大きく変えました。

　しかし、ゆるやかな浸透ではなく、劇的にしかも短期間で個人端末が整備されたことで、小・中学校の教師は十分な準備期間もなく、これまでの教育実践と最先端の ICT のベストミックスをはかることを余儀なくされています。一方、公立高等学校においては、2024年度までの1人1台端末の整備を目標にしており、いずれは小・中学校と同様に、高校においても ICT を活用した授業が求められることになります。私たち教師はこれに加えて、新学習指導要領における「主体的・対話的で深い学び」を生徒に促すよう求められ、また歴史総合・地理総合・探究という新しい科目にも取り組まなければなりません。今回、すべての実践事例で取り組んでいるわけではありませんが、授業で「問い」から歴史を

3

深掘りしていく「アクティブ・ラーニング」的な要素も取り入れた内容になっています。

　文部科学省や社会から多くを求められ、多くの教師が日々の指導、クラブ活動で多忙を極めるなか、ICT に対して「何から手をつけて良いのかわからない」と不安を感じているのではないでしょうか。本書は、すでに ICT を授業で取り入れている先生方の実践事例を紹介することで、ICT へのハードルを下げることを目的としています。授業のすべてを ICT 化するのは大変な作業です。それを最終的な目標に掲げながらも、最初から完璧なものをめざすのではなく、授業の一部で ICT の要素を導入するところから始めるという意識をもっていただきたいのです。まずは"trial and error"を繰り返してください。本書にかかわった先生方も、多くの失敗のうえで今回の実践事例にたどりつきました。みなさんも本書の事例を参考にしていただき、今後の授業に活用していただければ幸いです。

　なお、本書の実践を含め、オンライン等 ICT を活用した授業においては、著作物の利用が一定の条件下で可能となっております。詳しくは SARTRAS のウェブサイトや、「授業目的公衆送信補償金制度」「改正著作権法第35条運用指針」などをご参照ください。

編　者

目　次

はじめに

実践1　ICT はじめの一歩　　8
　勤務校の ICT 環境
　はじめに
　1　電子ペンと USB メモリを使った取組み
　2　PowerPoint を使った授業への挑戦
　おわりに

実践2　デジタル化された資料を活用した歴史の授業　　28
　勤務校の ICT 環境
　はじめに
　1　学習指導要領における「資料の活用」の位置づけ
　2　デジタル化された資料を活用する際の留意点
　3　同じ内容の書状が2通あるのはなぜだろう
　4　室町時代のとある村落では、なぜ絵図を作成したのだろう
　おわりに

実践3　進学校での ICT を活用した授業実践　　44
　勤務校の ICT 環境
　はじめに
　1　理系世界史の授業実践
　2　文系世界史の授業実践
　3　学習効果・課題
　おわりに

実践4　ICT を活用した授業実践
　　──── PowerPoint からロイロ・ノートへ────　60

　勤務校の ICT 環境

　はじめに

　1　導入初期の授業実践

　2　活用期の授業実践

　おわりに

実践5　動画教材を活用した反転授業と自習時間での取組み　80

　勤務校の ICT 環境

　はじめに──どのような授業をしてきたか──

　1　授業に ICT をどのように取り入れていくべきか

　2　スタディサプリを活用した反転授業

　3　ルイス゠フロイスがみた織田信長・高山右近・明智光秀

　4　自習時間での ICT の活用

　おわりに

実践6　ペーパーレスとチョークレスの授業をめざして　100

　勤務校の ICT 環境

　はじめに

　第1段階　教材のデータ化

　第2段階　iPad の導入

　第3段階　生徒が問いを考える

　最終段階　オンライン授業

　おわりに

実践7　ICT による指導と評価の一体化　116

　勤務校の ICT 環境

　はじめに

　1　授業形態

　2　評価

　おわりに

おわりに

コラム

1　板書・プリントの PowerPoint 化　24

2　映像や資料の活用　42

3　教材・教科書のデジタル化　58

4　脱黒板　78

5　教育プラットフォーム×令和の日本型学校教育　97

6　クイズ仕様の学習アプリ　114

7　Google 系と Microsoft 系　130

ICT はじめの一歩

﨑谷恵美

勤務校の ICT 環境

2013年	すべての普通教室にプロジェクターと電子黒板を設置
2020年	Google Workspace for Education（旧 G Suite for Education）を導入
	SoftBank Air 1 台を導入
2021年	すべての普通教室に Wi-Fi を導入
	全生徒に Chromebook を配布

　勤務校（本稿はおもに、前任校の大阪府立三国丘高等学校での実践である）では2013年、創立120周年記念事業や後援会の支援などを受けて、全普通教室にプロジェクターと電子黒板が設置されたことをきっかけに（スクリーンと LAN ケーブルはすでに大阪府が導入していた）、ICT を取り入れた授業が「可能」にはなった。しかし、当時、教室の LAN ケーブルにつなげられるノートパソコンは校内で10台あまりしかなく、私たち教師に支給されているノートパソコンもセキュリティの関係で、教室にもっていってもインターネットにつなぐことはできなかった。教室でインターネットにつないで利用するためには、テザリングや個人のモバイルルーターを使う必要があった。生徒にももちろん全員にパソコンやタブレットをもたせているわけではないので、かりに授業などで使う場合は、基本的に個人のスマートフォンなどを利用することになる。
　結局、全普通教室に Wi-Fi、生徒 1 人 1 台の Chromebook が導入されたのは、新型コロナウイルス感染症の広がりにより、リモート学習の必要性が高まった2021年秋。それに先立ち「Google Workspace for Edu-

cation（旧 G Suite）」を導入したものの、ICT 環境の整備についてはまだまだ十分とはいえないのが現状である。

　今回書かせていただいた実践は、おもに Wi-Fi や生徒 1 人 1 台の Chromebook 導入以前のものである。インターネットにつなげなくてもできる ICT の基本的な活用事例の一つとしてお読みいただければと思う。そのため「ロイロノート・スクール」「MetaMoJi ClassRoom」「Classi」などの授業支援アプリケーションももちろん使っていない（同じ公立高校でも導入や整備の状況には違いがある）。普通教室の ICT 環境は、**写真 1・2** のとおりである。

はじめに

　筆者は大阪府の公立高校で社会科（日本史が専門です）を教えて14年。「永遠の24歳」といいつづけ、生徒を困らせている典型的な大阪のおばちゃんをイメージしていただけたら、そう遠くはないと思う。

　「一授業一笑い」をモットーに、ICT を取り入れながら、今日も楽しく授業をさせてもらっている。今でこそ伝統の「チョーク＆トーク」をベースに、ICT も活用して楽しく授業ができるようになったが、今から15年あまり前……35歳のときに非常勤講師として勤務校に勤めるまで

写真 1　黒板まわり

写真 2　LAN ケーブル

は、ICT との接点は家庭用のパソコンでメールをしたり、インターネットをみたりする程度。Word が少しできるくらいで Excel、PowerPoint（以下 PPT）などは触ったこともないという、まさに絵にかいたような初心者であった。しかし、先述したように、2013年のプロジェクター・電子黒板の設置をきっかけに、「必要に迫られて」ICT に「取り組まざるをえなくなって」しまった（本当にそんな心境であった）。

　ICT 初心者の私には、ICT の活用と難関進学校での授業を両立できるのかという不安もあった。勤務校は創立120年を超える伝統をもち、大阪府教育委員会より進学指導特色校として「グローバルリーダーズハイスクール（GLHS）」10校の一つに指定され、ほとんどの生徒が東大や京大、阪大などの難関国公立大学を第1志望とする公立の進学校である。もちろん大学入試だけを目的に授業をするわけではないが、ほぼ全員が大学入学共通テストを受験し、難関国公立大学の2次試験や難関私立大学を受験するわけだから、それを前提にした授業をしなければならず、それに対応できるだけのレベルが求められる。

　担当する日本史のカリキュラムは、2年生時の50分×週2コマと3年生時の50分×週4コマ。この限られた時間のなかで、旧石器時代〜現代までの全範囲をできるだけ早く終わらせる必要がある。3年生は大体11月中旬くらいまでに範囲を終えて、その後、大学入学共通テストまではひたすら問題演習をするというスケジュールになっている。希望者には強化講習もおこなうが、基本的には授業のなかで大学入学共通テスト対策の問題演習までおこなうので、まったく時間的な余裕はない。つまり、レベルもスピードも求められるのである。

　一方、私の授業のモットーは「一授業一笑い」である。レベルとスピードを重視するあまり「大学入試に必要なことだけ」というような授業は絶対にしないし、そのような授業では、学力だけでなく興味・関心・意欲の高い生徒たちも私も楽しくない。ICT を取り入れながら、生徒の期待に応える「楽しい授業」と難関大学に「合格できる実力を培う授業」をどのようにして両立させるのか、この点もはじめは大きな不安材

料であった。

本稿は難関大学入試に対応したスピードも授業のレベルも求められる公立進学校において、ICTの十分な設備やスキルがないのにもかかわらず、ICTを使った授業に取り組まざるをえなくなってしまった先生方を念頭に書かせていただいた。そのような先生方の（とくに心理的な）ハードルをできるだけ下げることができるように、私の実践事例を通じて「これならできる！」「こんな感じでも大丈夫なんだ！」と、タイトルどおり「はじめの一歩」を踏み出していただけたらと思う。

1　電子ペンとUSBメモリを使った取組み

まず、全普通教室にプロジェクターと電子黒板が設置された当初（2013〜2017年）、電子ペンとUSBメモリを活用していた時期の授業実践を紹介したい。授業では、『詳説日本史』（山川出版社）に基づいて作成したオリジナルの授業プリントと、『最新日本史図表』（第一学習社）を使っている。

導入として、2年生では「今日の歴史的なできごと」にふれ、3年生では前回学習した範囲から大学入学共通テスト（大学入試センター試験）の過去問を1題取り上げて質問する。その後は授業プリントに基づいて、資料集などを適宜活用しながら教師が説明をし、生徒たちはそれぞれプリントに板書（スライド）の内容を書き込んだり、線を引いたりするなどして完成させるという本当に「チョーク＆トーク」のオーソドックスな授業である。

「はじめに」でお話ししたように、ICTとは無縁の私だったので、難しいことはできない。はじめは一緒に日本史を担当する先生がしていた方法を教えていただいた。

詳しくは後述するが、スクリーンや黒板に授業プリント全体を映すことはできないので、つぎのような準備をした。まず、授業プリントや資料集の必要な範囲を、授業の展開に応じてマウス型スキャナ（パソコン

上の画像をマウスでなぞったとおりに読み取って保存することができる)で分割して読み取り、JPEGで保存し、スライドとして授業で使用する順番にUSBメモリに入れていく。教室のUSB端末につないで黒板に映し、プロジェクターのリモコンを使って、つぎつぎにスライドを映しながら説明する(**写真3**)。

　今になって思えば、PPTのスライドショーを手動でしているような感じだろうか。「マウス型スキャナなんか使わずに、プリンターのスキャン機能を使って読み取り、トリミングして保存するほうが簡単なのでは」と思われた方も多いだろうが、当時の私には、それさえやり方がよくわからず難しく感じられた。とにかく無理をせず、できることから始めたのである。

　授業では、黒板に映し出したスライドに、電子ペンやチョークなどを使って書き込みをしたり、大事なところには線を引いたりしながら説明をしていく。この段階でプロジェクターを使い、写真やグラフなどの視覚資料はスクリーンに映し出すことができるようになったが、プロジェクターにつないでいるのはUSBメモリなので、生徒たちに「音」を聞かせることはできなかった。

　そこで活用したのが、「音の日本史」(全3巻、山川出版社)だった。例えば、明治期の文化で「壮士芝居の川上音二郎によって、自由と民権を喧伝するオッペケペー節が人々のあいだで大流行した」ということを教える際に、大学入試に必要なことだけであれば、「川上音二郎がオッペケペー節を歌って自由民権運動を広めた」で良いのかもしれない。しかし、生徒たちは確実に「オッペケペー」という響きに反応するので、「どんな歌か気になるやんね？　じゃあ、聞いてみよう！」と、教室にCDラジカセを持ち込んでオッペケペー節を聞かせると、生徒たちのあいだに微妙な笑いが起こる。ついでに私も一緒に歌うと、ますます笑いが起こる(「一授業一笑い」なので……)。

　実際の音を聞くことで、単に歴史用語を知識として覚えるだけでなく、より印象的に定着させることができるのである。音二郎のオッペケペー

ペリー来航と対外方針の模索
① 開国直前の状況　・欧米列強のアジア進出　→ロシア・アメリカの接近
　　　　　　　　　・1825 異国船打払令　**→アヘン戦争**　→1842 **天保の薪水給与令**
　　　　　　　　　・1844 オランダ国王ウィレム２世の開国勧告　→幕府は拒絶
② アメリカの接近
　　◎接近の理由　　　北太平洋での**捕鯨**や（　　　　　　　）との貿易　→石炭の補給地として
　　　　　　　　　（1848 カリフォルニアで金鉱が発見され、拍車がかかる）
　　　○接近の過程　・1846 ビッドルが浦賀へ来航　→幕府は拒絶
　　　　　　　　　・1853 東インド艦隊司令長官ペリーが那覇経由で（　　　　　　　）へ来航
　　　　　　　　　　フィルモア大統領国書を提出　→翌年の再来を宣言して一旦退去
　　　　　　　　　　※ロシアの（　　　　　　　　　　　）も長崎に来航
　　　　　　　　　・1854 ペリーが神奈川沖に再来・プチャーチンも長崎に再来　→開国へ
③ 開国（和親条約の締結）
　　　○幕府の対応　　・老中首座（　　　　　　　）の挙国的政策（朝廷・諸大名・幕臣に諮問）
　　　　　　　　　→朝廷・諸大名の政治的発言力の増加
　　　　　　　　　　（12 代将軍家慶の死による。水戸前藩主**徳川斉昭**の攘夷論）
　　　　　　　　　・1854.3（　　　　　　　）（神奈川条約）の締結
　　　　　　　　　　ペリーと林韑大学頭で調印
　　　　　　　　　（内容）・燃料・食料の供給　　　・（　　　　　）・（　　　　　）を開く
　　　　　　　　　　　　　・難破船乗組員の救助　　・（　　　　　　　　　）
　　　　　　　　　　　　　・**領事の駐在＝下田**へ 1856（　　　　　）が着任
　　　　　　　　　　※諸国とも条約締結
　　　　　　　　　　　1854 米・（　　　　　）・（　　　　　） 1855（　　　　　）

授業プリント

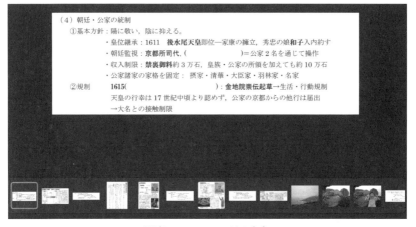

写真 3　USB メモリの中身

節は、生徒にとってもなかなか忘れることができないものになったようだ。ほかにも「浜田国松の腹切り問答」「斎藤隆夫の反軍演説」の音声などは、音だけでも紛糾する議会の様子が伝わり、生徒に歴史の臨場感を伝えることができたと思う。そのような点で、「音の日本史」はICT教材の先駆けといえるのではないだろうか。

　せっかく導入された電子黒板なので、はじめはスクリーンにスライドを映し、板書や書き込みはチョークを使わず、電子ペン1本で進めていくつもりだった。ところが、使い始めるとさまざまな問題が出てきたのである。

　例えば、**写真4**をみてほしい。先述したように、スクリーンはプロジェクターと電子黒板の導入以前から設置されたものである（なお、スクリーンもシート型の貼るタイプや自立型のものなど学校により違いがある）。電子黒板を念頭に設置されたものではないので、スクリーンと黒板とのあいだに隙間があるのがわかると思う。この隙間のために、スクリーンに電子ペンで書き込みをしようとすると、スクリーンが「ボヨンボヨン」と動いてしまい、書き込みをすることが非常に難しいことがわかった。

写真4　スクリーン横向き

　また、電子ペンのペン先が太いため、スクリーンに線を引いたり、印をつけたりすることには適しているが、映したスライドの空欄や余白に歴史用語などの文字を書き込むこともなかなか難しかった。歴史用語は漢字で書くのが基本であり、正確な漢字を教える必要があるが、ペン先が太すぎて、空欄や余白に大きな字をはっきりと書くことは難しかった。

　そのため**写真5**のように、スクリーンは使わず、スライドを黒板に直

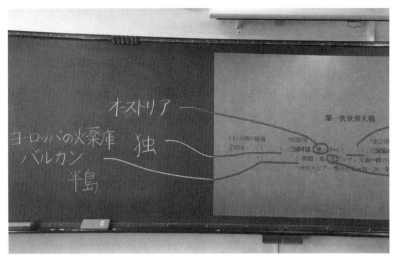

写真5　電子ペンとチョークで書き込みをしたスライド

接投影して、線を引いたり印をつけたりする際には電子ペンを使い、語句や説明などの文字はチョークで黒板に書き込むという、いわば「二刀流」で取り組まざるをえない、ある意味中途半端な活用になってしまったのである。JPEGで保存した画像を黒板に投影しているので、そのまま映すと写真のように文字が小さくなってしまう。必要に応じてズームなどで拡大したが、スライドの空欄の位置はみな同じではないので、その度に調整する必要があった。また、電子ペンを使ったところは、一瞬の操作で消すことができるが、チョークで板書したところは、もちろん手動で消さなければならないなど、時間的・効率的な課題も残った。

　それでもUSBメモリ1本で黒板に映し出した授業プリントや資料のスライドに、電子ペンやチョークなどを使って書き込みをしたり、大事なところには線を引いたりしながら説明するというICTの初歩的な活用は、生徒にも「大谷翔平と同じ(﨑谷は電子ペンとチョークの)二刀流」と好評で、勤務校の学校説明会などで使われるパンフレットにもICTを使った授業の活用事例として紹介された。

　しかし今度は、黒板に直接電子ペンで書くことで、黒板に傷がついて

しまうという問題が出てきた。その結果、これまでお話ししてきたような問題点もあり、先生方の多くがPPTを使った授業へ移行され、常時、電子ペンを使って授業をするのは、私と一緒に日本史を担当する先生の2人だけになってしまったのである。

電子ペンを使いつづけて授業をするためには、これまでお話ししてきたような問題点を改善しなければならないが、すぐにできるものではない。しかし、それまでの実践でICTの有用性を実感するようになっていたので、引き続きICTを取り入れた授業をするのであれば、私のほうがやり方を変えるしかない。そこで私自身もバージョンアップするべく、さらにもう一歩踏み出して、それまで取り組んだことのないPPTを使った授業にチャレンジすることにしたのである。なお、電子黒板にチョークで直接書き込むかたちでの活用は、他教科も含め、現在では一般的な授業のスタイルの一つとなっている。

2　PowerPoint を使った授業への挑戦

PPTを使った授業へのチャレンジも、周りの先生方が快くサポートしてくださったおかげで何とかスタートすることができた。PPTを使い始めてみたら、その便利さ(しかも私のような基本的な使い方だけであれば、そんなに難しくはなかった……)に、いかに自分が先入観で難しく思い込んでいたのかがよくわかり、猛省したのである。ここではその後、現在まで(2018年〜)の授業実践を紹介したい。

まず、Wordで作成している授業プリントから、授業の展開やPPTのスライドの収納可能な範囲に合わせてコピーし、スライドに貼り付けて、フォントや文字の大きさ、必要に応じて色などを整えていく。資料集の写真やグラフについても同様だが、プリンターのスキャン機能を活用できるようになったので、必要な資料を読み取ってパソコンに保存し、PPTの画像を挿入する機能でスライドに貼り付けていった。

スライドの空欄に書き込みをするためには、PPTのアニメーション

機能を使った。空欄にテキストボックスを挿入し、アニメーションの設定をして、説明に合わせて空欄に語句があらわれていくようにする。また、必要に応じてスライドのなかに線を引いたり、矢印や吹き出しなどの図形を挿入したりする。

　授業では、パソコンを教室の HDMI 端末につないでスクリーンに映し、プレゼンテーション用のレーザーポインターを使ってスライドを送り、またスライドの空欄や補足説明などの書き込みについては、アニメーション機能を使って映しながら説明する。

　手順としては、それまでの USB メモリからパソコンに変わっただけともいえるが、PPT のアニメーション機能や図形の挿入機能を使えるようになったことで、チョークで黒板に板書し、それを消すという作業がなくなり、大幅な時間の短縮とよりわかりやすい授業が可能になったことは、劇的な変化であった。以下に具体的な活用事例を紹介していく。

① 　大幅な時間の短縮とよりわかりやすい授業が可能に

　「はじめに」でお話ししたとおり、勤務校ではほぼ全員が大学入学共通テストを受験し、難関国公立大学の 2 次試験や難関私立大学を受験するので、授業もそれを前提に 2 年生と 3 年生の 2 年間ですべての範囲を終わらせ、全員を対象に大学入学共通テスト対策の問題演習までおこなわなければならない。時間的な余裕がまったくないなかで、レベルもスピードも求められるが、ICT を活用することで、時間の短縮だけでなく、よりわかりやすい授業が可能となった。

　例えば、資料集を参照する際、スクリーンに該当ページを投影すれば「何ページの何番をみて」などのように具体的に指示し、スクリーン上でも一緒に確認することができる。みせたい資料の細かな部分も拡大しながら「ここ」と示すことで、生徒もすぐにみつけることができ、時間の短縮にもつながる。資料をスクリーンに映すので、生徒の顔もつねにあがっており、授業に集中できるし、教師も生徒の表情で授業の手応えを感じることができる。

　文化史では、資料集をフル活用して仏像、絵画、建築物などをスクリ

ーンに映し、「ビジュアルチェック」として一緒にみて確認することができる。口頭で「資料集で必ず確認するように」といっても、なかなか確認しない生徒もいるが、スクリーンに映すことで一度は目にすることになる。

　PPT のアニメーション機能の活用も大きな利点である。アニメーションの設定をすることで、黒板にチョークで文字や印を書く、書いたものを消すという必要がなくなり、時間は大幅に短縮され、授業時間や問題演習をする時間の確保につながる。図 1 は日中戦争の際に蒋介石の国民政府が徹底抗戦のため、拠点を南京から漢口、漢口からさらに奥地の重慶へと移動させる様子をアニメーションや図形を使って示した例である。このように地図では、移動や範囲を具体的に確認できる。

　図 2 は、授業プリントの一部であるが、藤原氏北家が権力を掌握していく過程を、これまで学習したことを質問したり補足説明したりしながら、時系列にそって空欄を埋めつつ書き込みをしたものである。

　図 3 は、足高の制を模式図化し、アニメーション機能を用いて説明したスライドだが、アニメーション機能を使うことで、時間を短縮しながら、歴史的事項を順序立ててよりわかりやすく説明できるようになった。まさに一石二鳥である。

② 　大学入試を前提とした活用事例

　新しい学習指導要領の実施にともない、資料の読解力、思考力、判断力を問う問題への対応が求められるようになり、大学入試においてもその傾向はますます強くなるものと考えられる。これを念頭に授業や問題演習においても、絵図や文字資料の読み取り問題、絵画利用問題、模式図問題などに取り組むことも増えているが、解説の際、例えば「この絵の向かって右下のほうに……」などと口頭で説明するよりも、ICT を活用して資料をスクリーンに映し、示したほうが生徒にとってもわかりやすいのは明らかである。活用事例をいくつかお示ししたい。

　図 4 (→p. 21)は、三善清行の意見封事十二箇条である。文字資料を苦手とする生徒も多い。備中国邇磨郷において、律令体制の衰退とともに

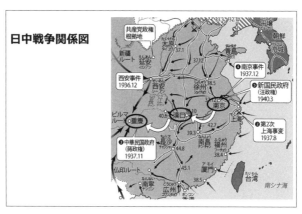

図1　日中戦争関係図

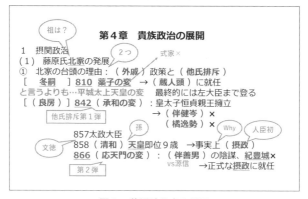

図2　藤原氏北家の発展

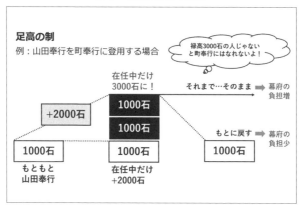

図3　足高の制

戸口が減少し、ついには「一人も有ること無し」と、政府が実態を把握できなくなっている状況をよりわかりやすくするために、「何年には何人になっている」というように、時系列にしたがって、資料を整理しながら読み解いたものである。

つぎに図5は、大学入試センター試験の過去問（2005年追試験）である。絵図を用いた問題だが、選択肢②の「黒い丸印」が何を意味するのかを、絵図に印をつけながら解説した。まずは、ほかの選択肢の正誤を絵図と照らし合わせながら確認する。ほかの選択肢がすべて正しいので、②が誤りとなるが、ここで「黒い丸印」が牓示であり、荘園の境界を示すものであることを確認するという使い方をした。

最後に図6は、大学入試センター試験の2008年本試験で出題された平城京の模式図問題を解説する際に使用したスライドである。都城制における左右や東西はわかりにくいので、「何条何坊」の考え方を模式図に印をつけたスライドでわかりやすく説明することができる。

③　生徒の期待に応える「楽しい授業」

生徒たちが「一授業一笑い」をモットーとする私の授業に期待しているのは「合格できる実力を培う授業」はもちろん、歴史を一緒に体感できる「楽しい授業」だと考えているので、そのために日々、工夫を重ねている。

そんな「歴女」のパイオニアを自負する私の趣味は、各地の史跡や神社仏閣、博物館をめぐることである。多くの生徒たちにとって、教科書や資料集に出てくる場所や場面は、まだ訪れたことのないところが多いはず。そこで、これまでに私が訪れた各地の史跡の写真をスクリーンに映して、関連するエピソードとともに紹介し、一緒に体感している。生徒たちも私も、実際にその時代、その場所を経験しているわけではないので、生徒に歴史の臨場感をもって理解させることはなかなか難しいかもしれない。しかし、「音」「動画」「写真」などを効果的に使うことで「歴史の息吹」を感じ、追体験をすることはできるのではないかと考えている。

図4　意見封事十二箇条

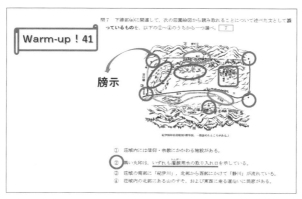

図5　大学入試センター試験（2005年追試験）

平城京図

楢磐嶋は諾楽の左京六
条三坊の人なり。
大安寺の西の里に居住
せり。

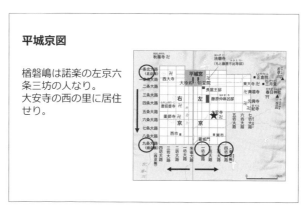

図6　平城京図

図7　三仏寺投入堂

　ポイントは、**図7**のように写真のなかに私が必ずいるということである。そうすることで「あっ、崎谷先生おった！」と、教科書や資料集でしかみたことのない場所に親近感をもってもらうことができるし、将来、生徒たちが各地の史跡を旅行する際に、授業で勉強したこととともに「そうそう。高校時代の日本史の授業で先生が写ってたのってここやったな」と記憶してもらえていたら、大学入試という近い将来だけでなく、生徒たちの長い人生にとって本当に役に立つ授業、彼らの人生を充実したものとする一助となる授業ができたといえるのではないかと思う。

おわりに

　難関大学入試に対応する授業のレベルとスピードが求められる公立進学校において、Wi-Fi などの十分な ICT の設備や特別なスキルがなくても、これまでの「チョーク＆トーク」のベーシックな授業にちょっと ICT を取り入れて活用することで、より充実した授業ができることがおわかりいただけたかと思う。

　ご紹介したようなとても基本的な ICT の活用であっても、授業アンケートで生徒たちからは毎回非常に高い評価をもらっている。これまでお話ししてきたとおり、勤務校の生徒たちは学力だけでなく、興味・関心・意欲の高い生徒が非常に多い。生徒の期待に応える「楽しい授業」と難関大学に「合格できる実力を培う授業」の両方を実現するために、ICT はまさに最適であったといえるだろう。

　それぞれのご事情でさまざまな制約があるかと思う。そのなかでもま

ずは簡単なことから、できることから始めてはいかがだろうか。できることから少しずつ……スモールステップでできるようになれば、より楽しく、授業も充実したものになるはずである。私自身、もちろんまだまだ課題も多く、取り組んでみたいこともたくさんある。2021年秋には、すべての普通教室に Wi-Fi が導入された。今後とも試行錯誤しながら、私自身もつねにバージョンアップしていきたいと思っている。

　私の取組みが、十分な設備もスキルもないなかで、これから ICT を活用しようとする先生方のハードルを少しでも下げ、はじめの一歩を踏み出す一助となれば幸いである。

本実践の授業プリント・スライド等のデータ(一部)は、こちらから確認できます。
https://ywl.jp/c/6ru

　板書やプリントを電子黒板等に投影する方法はいくつかあるが、PPT
で投影するのがもっともスムーズにいくと思われる。以下、筆者の授業
スライド作成方法を紹介する。

① PPT ファイルを作成する。

　新規ファイルをつくる際、さまざまなデザインを選ぶことができるが、
筆者はすべて白のデザインを選び、後で背景の色を黒または黒に近い灰
色に設定している。以前は背景が白の PPT で授業をしていたが、太陽
の光が教室に入り込んだときにみえにくくなるのと、白の光が強いので
授業中にずっと電子黒板をみていると、生徒の目が疲れやすくなるため
である。

　つぎにファイルの名称については、筆者はプリントで授業をしている
ため、「世界史8」などというように「世界史(プリントの枚数)」とし
ている。後で自分がみたときに、すぐに内容がわかるファイル名にして
おいたほうが授業のときに取り出しやすい。

② 板書内容を打ち込む。

　筆者は授業プリントを Word でつくっているため、PPT に文字を直
接打ち込むことはせず、Word のデータの一部をコピーして、PPT のス
ライドにペーストしている。多少体裁が変わるので、フォントや文字の
大きさをなおしたり、空欄がある場合は括弧の余白部分を増やしたりす
る作業が必要である。

　なお、筆者は板書内容を打ち込む際、フォントは「UD デジタル教科
書体」、サイズは36を使うことが多い。以前は別のフォントを使用して
いたが、教室の後ろの席の生徒に文字がみえないといわれることが少な
からずあった。UD デジタル教科書体の「UD」はユニバーサルデザイ
ンであるので、このフォントに変えてからは、以前よりはみえないとい
われることが少なくなった。一般的に PPT で使用されるフォントは、

Windows であればメイリオ、Mac であればヒラギノが読みやすいとされる。実際に授業で使用してみて、生徒がみやすいものを選ぶと良いと思う。

　また、授業で使用したい資料の画像を挿入することもできる。あらかじめ使用したい画像などをパソコンのフォルダにまとめて入れておくと、その場所を指定すれば挿入できる。これと同様に Word にあるような図形も挿入できるので、スライドを効果的にみせたい場合は使用すると良い。

③　アニメーションで文字に効果をつける。

　PPT に文字を打ち込んだだけでは、投影したときにスライド 1 枚分がそのまま投影されてしまう。それでも全然構わないのだが、マウスをクリックしたときに文字が浮かびあがってくる等の効果があると、自分が板書している感じにすることができる。

　効果をつけたいテキストボックスを選択し、PPT の［アニメーション］タブから、アニメーションの種類を選択すれば、それがテキストに適用される。これはテキストボックスだけではなく、画像や図形にも使えるので、同じように作業をすれば良い。アニメーションの順序を入れ替えたい場合、［アニメーション］タブ→［アニメーションウィンドウ］を選択すると、順番を変えることができる。

例：中学歴史　古代ギリシア・ローマ文明の単元

（1）　筆者の場合、基本はプリントで授業を進めるので、まずはプリントと同じ文字をスライドに打ち込む（または Word などのデータからペーストする）。

（2）　文章にアニメーションを加える場合、テキストボックスを選択し、［アニメーション］タブからアニメーションの種類を選択する。ただし、アニメーションを選択しただけでは、全部の文章が 1 度にあらわれてしまうので、段落ごとに効果をつけたい場合は、［効果のオプション］で［段落別］を選択してクリックすると、1 つずつ段落があらわれるよう

（ア）古代ギリシア（紀元前9～紀元前4世紀）
（A）古代ギリシアの国のかたち
　　…①＿＿＿＿＿＿（都市国家）→支配する領域は狭い
　　・②＿＿＿＿＿＿＿（城山）
　　…中心部にあった丘で、非常時には城塞となった
　　・アゴラ（広場）…市民の政治や経済活動の場

（ア）古代ギリシア（紀元前9～紀元前4世紀）
（A）古代ギリシアの国のかたち　③1つの都市が1つの国
　　…①　ポリス　（都市国家）→支配する領域は狭い
　　・②　アクロポリス　（城山）
　　…中心部にあった丘で、非常時には城塞となった
　　・アゴラ（広場）…市民の政治や経済活動の場
　④　Q4　ギリシアではなぜ支配する領域の狭い都市国家が多数うまれたの
　　でしょうか？
　　ギリシアには大河がなく、（⑤山が多く土地が狭い）上、特に（⑥夏の
　　降水量が少なかった）ので、（⑦食料となる穀物が不足）しがちで、王
　　による（⑧広い領域の支配）は成り立たなかったから。

板書内容を打ち込んだスライド（上）、空欄の補足や質問を加えたス
ライド（下）

になる。

（3）　続いて空欄に入る用語・説明補足用のテキストボックスを作成し、
そこにもアニメーションをつける。このスライドの場合、①・②は空欄
に入る用語、③は説明補足用である。また、④の質問は授業プリントに
載せているものだが、①の空欄である「ポリス」の説明を終えた後で生
徒に教科書を読ませて考えさせたいので、色付きのテキストボックスに
して、後からアニメーションで出てくるようにした。最初に空欄以外の
文章が浮かび上がるようにし、生徒に教科書から答えを探させてから、
⑤～⑧の空欄を順に浮かび上がらせるようなアニメーションに設定して
いる。

以上が板書の PPT 化の基本的な作業である。このようにして、授業プリントに沿ってスライドを何枚も作成するので、１枚のプリントで合計は何十枚にもなる。また筆者の場合、これらのスライドを紙に印刷したものをみながら授業をおこなっている。自分がつくったスライドだが、すべての内容を覚えているわけではないので、紙を手元においておくことで、授業をテンポよく進めることができるからである。

（藤原　祥子）

デジタル化された資料を活用した歴史の授業

佐藤克彦

勤務校の ICT 環境

　勤務校(本稿はおもに、前任校の千葉県立長生高等学校での実施である)は、千葉県の公立高校であり、いわゆる ICT 推進校ではない。しかし近年、学校の「DX(デジタルトランスフォーメーション)」をめざした取組みを続けている。そのため、現在も ICT を取り巻く環境が日々刻々と変化し、筆者も含め教師は授業における ICT 活用を模索している。勤務校について、ここ数年の ICT 環境の整備状況をまとめると以下のとおりとなる。

2018年	各教科にプロジェクター1台程度を整備
2019年	Classi、スタディサプリを導入
	アクティブ・ラーニングルーム(AL ルーム)を整備
2020年	Google Workspace for Education(旧 G Suite for Education)を導入
	普通教室にプロジェクターとスクリーンを整備
2021年	千葉県教育委員会と日本マイクロソフト株式会社が連携に関する協定を締結、本校は Google から Microsoft 365への順次移行を始める
	2021年度入学生より段階的に BYOD を実施
	校内独自 Wi-Fi 回線を契約
2022年	普通教室に千葉県教育委員会設置の Wi-Fi 環境が整備される

　赴任当初、各教科1台程度しかプロジェクターが整備されておらず、授業で思うようにプロジェクターを使用することができなかった。しかし、2019年以降、状況が大きく変容していった。

この年には、「Classi」や「スタディサプリ」などの教育プラットフォームが整備された。さらに、創立130周年記念事業として、本校同窓会の尽力もあり、アクティブ・ラーニングルーム（ALルーム、**写真1**）が整備された。ALルームは、スピーカーやワイヤレスマイクなどの音響設備を整えた大教室である。キャスター付きの机・椅子やタブレット端末45台、プロジェクター6台（うち電子ホワイトボード機能付き5台）を設置している。そして、2021年度入学生よりBYODが本格実施され、生徒が自前のタブレットを活用して授業に臨んでいる。

はじめに

　筆者は資料を活用した歴史の授業を展開することをつねに意識しており、文字資料はもちろん、絵巻や肖像画などの絵画資料も積極的に活用している。最近では「NHK for School」の映像教材や、「音の世界史」「音の日本史」（山川出版社）などの音源教材も授業に取り入れるようになった。生徒にさまざまな資料にふれさせることで、歴史を具体的に学ばせることを心がけてきた。

　高等学校学習指導要領（平成30年告示）では、資料のさらなる活用が提

写真1　ALルームの様子

起され、さまざまな資料を積極的に活用する動きも顕著になってきた。そのような取組みが進んできたからこそ、筆者は資料自体の特性に着目して、資料そのものがもつ特徴を読み取らせる授業がしたいという意欲が増してきた。形式や書体、保存状態などに着目して、できるだけオリジナルに近いかたちで生徒にふれてもらうことはできないのだろうかと考えていた。

　現在、博物館や美術館、図書館などによって資料のデジタル化や検索システムの構築が進んでいる。デジタル化された資料がインターネットをとおして公開され、閲覧可能な状態にある。そこで、本校のALルームを活用して資料読解の授業を実践した。電子ホワイトボードに資料を投影し、拡大・縮小機能も用いて、資料の細部まで読解させる。さらに資料のデジタル化が進み、資料が整理・保存されている取組みを紹介し、資料保存の意味や意義にまで踏み込んだ授業を展開している。

1　学習指導要領における「資料の活用」の位置づけ

　学習指導要領解説地理歴史編では、歴史は資料をもとにして叙述されるものであるという認識のもとで、「資料を活用し、歴史の学び方を習得する学習」の改善・充実が示された。そして歴史総合・日本史探究・世界史探究ともに、文化遺産や博物館、公文書館、そのほかの資料館を積極的に活用し、具体的に歴史を学ぶことが示されている。

　　年表や地図、その他の資料を積極的に活用し、(地域の)文化遺産、博物館や(公文書館、)その他の資料館などを調査・見学したりするなど、具体的に学ぶよう指導を工夫すること。その際、歴史に関わる諸資料を整理・保存することの意味や意義(、文化財保護の重要性)に気付くようにすること。また、科目の内容に関係する専門家や関係諸機関などとの円滑な連携・協働を図り、社会との関わりを意識した指導を工夫すること。

　※(　)は歴史総合・日本史探究に記載があるもの。下線は筆者による。

さらに、日本史探究・世界史探究では資料の活用において、歴史総合の学習の成果を踏まえ、より発展的に学習できるように「デジタル化された資料の活用」が示されている。

　　博物館、図書館、公文書館などでは、その収蔵品をはじめ、文化資源をデジタル化して保存を行うとともに、公開や利用を積極的に行う取組が進んでいる。これらの「デジタル化された資料」は、インターネットを利用することで、利用の可能性を拡大している。多様な歴史資料にアクセスすることで、一層の具体性をもった学習が可能となる。

　　また資料の目録情報に加え、様々な歴史情報のデータベースが整備されてきており、それらの情報を活用し、指導計画上に適切に位置付けることが考えられる。

　日本史探究では、現在保存されている資料は「現代及び未来についての多くの示唆にあふれた国民共有の財産」であるとして、「これらを効果的に活用する技能を獲得し、学校教育及び生涯にわたる学習において活用する」ことで、「叡智の継承」となると示している。諸資料がデジタル化されて公開されていること、整理・保存の意味や意義のほかに、資料を文化財として保護していくことについての関心を高め、その重要性に気づくように指導することが求められる。

2　デジタル化された資料を活用する際の留意点

　歴史総合や日本史探究・世界史探究では、生徒が主題を立てて、自ら資料を探して、資料からさまざまな情報を適切かつ効果的に調べまとめる技能を身につけ、探究的な学びを構想することが求められている。そのためには、生徒が主体的に資料を収集・選択し、それらを批判的に読み説き、解釈して考察に生かしていく力を身につけないといけない。

　その第一歩として、教師が積極的にデジタル化された資料を活用するべきである。筆者は、授業においてデジタル化された資料を扱う際に、

以下の3点に留意している。

① できるだけ内容が簡潔であり、わかりやすい資料であること。

　生徒は日頃から白文やくずし字などに親しみをもっているわけではない。デジタル化された資料で文字資料を扱う場合は、できるだけ簡潔で可読性の高い資料や、生徒がなじみ深い事象や内容を取り扱った資料を積極的に活用している。

② テキストでは捨象されてしまう情報を取り入れる。

　テキストとして資料を読むだけではもったいない。デジタル化された資料では、書き手の書体、資料の質感や保存状態など、活字化する際に捨象されてしまう情報にも着目したい。また、資料の保存方法や出典に着目することで、デジタル化されるまでの来歴を取り扱うこともできる。

③ アーカイブされているウェブサイトを紹介する。

　資料が収録されているウェブサイトの紹介も積極的にすべきだと考える。探究的な学びを実現するためには、生徒が適切にサイトや資料にアクセスできるようになる必要がある。

3　同じ内容の書状が2通あるのはなぜだろう

　鎌倉時代では必ず封建制度について扱うが、教えているなかで、生徒のつまずきを感じることが2点あった。1点目として、生徒が御恩と奉公の関係性を主従関係と理解してしまうことだ。封建制度において重視されるのは、土地を媒介とした関係性である。もちろん源頼朝からの御恩が地頭補任を指すことは扱うのだが、この点がイメージされにくく、生徒は概念的な理解へおよんでいないことがあった。2点目として、頼朝からの御恩が具体的にどのような手続きを経るのか想起しにくいという点である。

　そこで活用したのが地頭補任にかかわる2通の文書である。一つは、幕府の家政機関である政所から出された文書（将軍家政所下文）である。もう一つは、頼朝直筆の花押が記された文書（源頼朝袖判下文）である。

頼朝が各地の武士を地頭に補任する過程で、先にあげた2通が現存している事例があり、ここから頼朝と御家人の関係性を資料をとおして視覚的に理解することができるのではないかと考えた。

建久3（1192）年に下野国の御家人である小山朝政が地頭に補任された文書はその好例である。高校の日本史の授業でもよく活用され、先行する授業実践も数多くある。今回はその2つの資料を電子ホワイトボードに投影して、文書様式の比較や、資料の保存と活用について取り扱った。

▶導入 ［10分］

まずは、頼朝が治承・寿永の乱のなかでしだいに勢力を結集し、御家人との主従関係を深めたことを理解させたい。ただ、それが本授業の狙いではないため、できるだけコンパクトかつ、わかりやすく生徒に情報を伝えたい。そこで、「NHK 高校講座」の日本史の動画を電子ホワイトボードに投影した。NHK 高校講座は、番組終了後、アーカイブを視聴することが可能である。1本30分程度の動画が3～10分程度のチャプターに分かれている。そのため、必要な箇所だけをピックアップして視聴するのに適している。

授業では、生徒は5分程度の動画を視聴しながら、ワークシートの空欄補充の作業をおこなった。動画を視聴し空欄に入る語句を確認し終わった後、「なぜ頼朝が東国御家人を味方につけることができたのか」と問いかけると、生徒は「主従関係を結んだから」と回答してくれた。そこで、「では、頼朝がどのようにして御家人と主従関係を結んだのか、資料を活用して具体的に考えてみよう」と発問し、つぎの活動につなげた。

▶展開① ［15分］

PowerPoint にて1枚のスライドに、将軍家政所下文と頼朝袖判下文の2通の資料を並べ、電子ホワイトボードに投影した。生徒には2通の資料のなかで、①資料発行年、②資料の差出人、③資料の受け手、④資料の主文に印をつけなさい、と指示を出した。活動は、電子ホワイトボードの数に左右されるので、1台当たり8人となった。その8人をさら

に2つに分けて、4人で1通ずつ読み解かせることとした。**写真2**は、生徒が実際に書き込みをした資料である。

写真右の頼朝袖判下文には、差出人が書かれていないと発言する生徒もいたが、筆者が「資料のなかでわからない部分があるのではないか」と問うと、別の生徒が「文書のいちばん最初（袖）に書いてあるのはサイン・花押ではないか」という指摘をし、2通の文書の違いは差出人の違いにあるのではないかと結論づけることができた。

活動の最後に、文書の袖は、文書においていちばん権威があることをつけ加えると、「この花押は頼朝のものではないか」と予想する生徒もいた。

▶展開②〔15分〕

展開①での活動の後に、「同じ内容の書状が2通あるのはなぜだろう」と問いかけ、その理由を、違う御家人であるが、千葉常胤の事例から考えた。

　　千葉常胤が、政所の発行した地頭職補任状をいただいた。以前は下文に頼朝の花押があった。政所が設置されてからは、これが取り上げられ、政所下文が与えられたが、これに常胤が強く抗議した。「これには政所役人の花押のみで（頼朝の判がなく）、これでは後世への証拠とできない。これとは別に頼朝の花押のある下文をいただいて、後世の証拠としたい」。そこで、頼朝は自身の花押の入った下文を常胤に与えた。（『吾妻鏡』（建久3年8月5日条））
若杉温「鎌倉幕府ができた意味を考えよう」千葉県高等学校教育研究会歴史部会編『新版　新しい日本史の授業』より引用

以上を踏まえたうえで、生徒に「御家人にとって、どちらの文書のほうが重要だったのか」と問いかけた。そして、書状が2通存在している理由、および袖判下文のほうが好まれていることを確認することができた。

その後、「小山朝政の場合はどうだったのだろう」と発問し、生徒の端末で神奈川県立歴史博物館のサイトを開かせた。「今月の逸品　県指

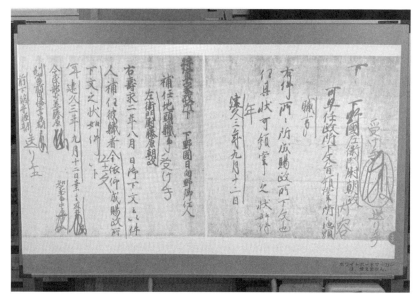

写真2　電子ホワイトボードに生徒が書き込みをした様子（左：将軍家政所下文、右：源頼朝袖判下文、神奈川県立歴史博物館蔵）

定重要文化財　源頼朝袖判下文　建久3年(1192)9月12日」には、朝政の父政光が頼朝の乳母寒河尼を妻としたこと、朝政が頼朝の意向がとおるように動く立場であったこと、千葉常胤が袖判下文を発給されたことを受けて朝政も発給してもらったのではないかということなどの記述がある。ここから同資料に対してさらに深い理解を促すことができたのと同時に、博物館が資料を保存するだけではなく、積極的に資料の解釈をサイト内で公表している取組みを確認することができた。

▶まとめ［5分］

　最後に、生徒に本日の学びを整理した。御家人は頼朝との個人的なつながりを求めていた一方で、頼朝は幕府の組織化への転換をはかろうとしていたことを伝え、授業を終えた。

4　室町時代のとある村落では、なぜ絵図を作成したのだろう

　「山城国桂川用水差図案」(『東寺百合文書』ツ函341)は、東寺領上・下久世荘を含む西岡五カ郷と石清水八幡宮領西八条西荘が、明応3 (1494)年から文亀3 (1503)年まで用水の利権をめぐり争った途中で作成された資料である。当資料は西八条西荘が幕府に提出した差図(平面的で抽象的な絵図)の控えであり、事情を知らない幕府奉行人に自分たちの言い分をとおして説得するために作成したものである。

　この用水相論に関係する文書類は、東寺に残っている。これは東寺が、伝統的に文書を作成し保管する仕組みを有していたからであるといえる。それらは、江戸時代の加賀藩主前田綱紀が寄進した100個の桐箱に収納され、東寺百合文書と呼ばれ、現在にいたっている。

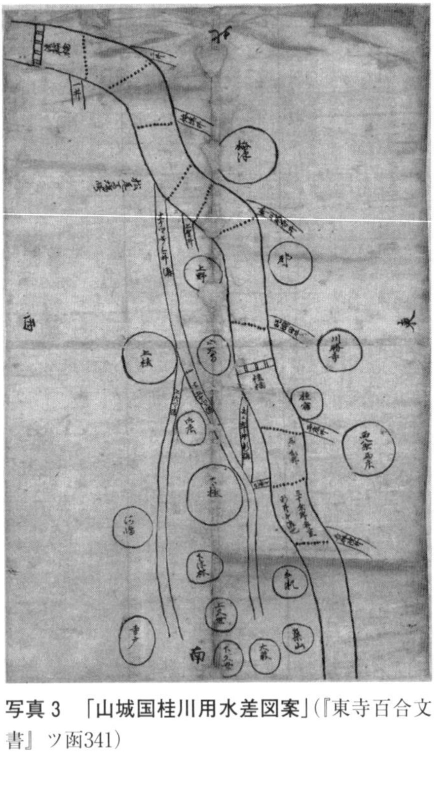

　また、東寺百合文書はデータベース化され、目録やデジタル資料などは、「東寺百合文書 WEB」で閲覧することができる。サイト内では「水を求めて in 桂川」というコラムがあり、当資料に関しての理解を深めることができる。

　室町時代に作成された資料が江戸時代に百合文書として整理・保存されるようになったという中近世の資料保存と、デジタル化され閲覧可能であるという現代の資料保存の双方を学ぶことができる良い教材である。以下は1時間の授

写真3　「山城国桂川用水差図案」(『東寺百合文書』ツ函341)

業の概要である。

▶**導入**［5分］

　グループワークをおこなうので、5台ある電子ホワイトボードの前に8人程度のグループをつくらせた。そして、各グループで、以下の質問事項について、電子ホワイトボードに投影された資料にペンで書き込ませた。

　筆者は「この資料をみて、南北へ延びる二重線、丸の囲み、枝分かれしている二重線はそれぞれ何をあらわしているか」と発問した。生徒は、電子ホワイトボードの機能にある、拡大・縮小機能を駆使し、投影されている資料を拡大しながら、それぞれ何を示しているのか考えた。生徒は「橋」の字から南北へ延びる二重線は川を示しているのではないか、丸の囲みのなかに「庄」があることから荘園や村ではないか、「井」や「溝」の字に着目して用水ではないか、などと判断した。電子ホワイトボードを活用することで、もとの資料に近いかたちで、拡大しながら詳細に資料読解をすることができた。

　続いて資料の名称に着目させ、どこの国の様子を描いたものかを判断させた。資料に書かれている地名として「松尾」「桂川」に着目して、どのあたりの場所なのだろうかと発問し、生徒がもっている端末の地図アプリで調べさせ、地理的に対象を把握することができた。

▶**展開①**［15分］

　まず、絵図作成の経緯を**年表**(→p.38、絵図作成前後の村落の動向)にしたものを提示した。生徒には、年表中の下線部①の用水と、その用水をめぐって対立している地域についてそれぞれ資料に丸をつけさせた。その後、下線部②について、なぜ幕府はこのタイミングで絵図の作成を命じたのかを考えさせた。

　生徒は「争っているのを仲裁するため」と回答した。そこで筆者は「なぜ明応6(1497)年において、西八条西荘の村民が幕府の指示を無視しているのか」と切り返し、つぎの活動を展開した。

1478年 (文明10)	上久世荘や下久世荘(東寺領荘園)らが、①西八条西荘(石清水八幡宮領)の用水路よりすぐ上流に新たに用水路を開いた。 西八条西荘は幕府に訴え、用水路の使用を禁止してもらった。
1479年 (文明11)	上久世荘や下久世荘が再度用水路を開いた。 西八条西荘は幕府に訴え、用水路の使用を禁止してもらった。
1494年 (明応3)	干ばつにみまわれた。 上久世荘や下久世荘が再度用水路を開いた。 西八条西荘は幕府に訴え、用水路の使用を禁止してもらった。
1495年 (明応4)	上久世荘や下久世荘ら「五カ郷」(上久世や下久世・牛瀬・築山・大藪)も幕府に用水路の正当性を訴えた。
1496年 (明応5)	②幕府が両者に絵図(差図)の作成を命じた。 五カ郷の一つが西八条西荘の用水路を破壊しようとしたが、西八条西荘は抵抗して防いだ。 幕府は両者の代表を集めて判決を下し、両者が半分ずつ折中し耕作に専念するように命じた。
1497年 (明応6)	西八条西荘は五カ郷との紛争を再発させ、用水をすべて西八条西荘へ引いた。 五カ郷は幕府に訴え、再び用水を半分に分けることを命じてもらった。

絵図作成前後の村落の動向

▶**展開② [15分]**

「幕府の調停にもかかわらず、村民が幕府の指示を無視する行動を繰り返しているのはなぜか」と発問し、その要因をグループごとに電子ホワイトボードに書かせた。

その後、各グループに意見を聞き、電子ホワイトボードの画面を共有しながら、このような要因として考えられる可能性を共有した。生徒からは、用水が死活問題であること、年表中に干ばつの文字があることから飢饉がおきていたのではないか、幕府の仲裁する力が弱いのではないか、などの意見が出てきた。

▶**展開③ [10分]**

その後、資料の保存に着目した。筆者は「この資料は15世紀末に作成された資料だが、保存状態はどうだろうか」と発問した。生徒は「保存状態は良い」と答えた。その理由として、この資料は下書きであること、東寺は資料作成・保管の仕組みが整っていたこと、近世になると前田綱

紀が寄進した100個の桐箱に収納され東寺百合文書としてアーカイブされていること、現在ではそれらがデジタル化された資料としてインターネットで閲覧が可能であることを伝え、生徒の端末で東寺百合文書WEBを確認した。

▶まとめ［5分］

東寺百合文書WEBにて「水を求めて in 桂川　その2」というコラムに後日談が書かれているのでみておくようにという指示を出し、用水をめぐる対立がまだまだ続くことを伝えた。そして、対立があったことが現在わかるのは、資料保存がされているからであると、資料保存の意義を説明した。授業実践をおこなった際には掲載されていなかったが、現在では東寺百合文書WEBにて「荘園フィールドワークのすすめ　②桂川コース」というコラムがある。「山城国桂川用水差図案」に描かれている地名を現在の地図と照らし合わせ、写真を交えながら紹介している。桂川流域にあった荘園や郷の名称が地名として残っている様子を知ることができる。

おわりに

従来から、歴史の授業において、写真などを活用して資料を読解する取組みはおこなわれてきたが、電子ホワイトボードを活用することによって、資料をオリジナルに近いかたちで生徒に提示することができるようになった。大きな画面に投影され、拡大・縮小をしながら、資料を細部まで読解することができるようになり、資料の特性や保存状態を含めた厚みのある資料読解の活動になった。

現在、多くの資料がデジタル化されており、インターネットでの公開が進んでいることで、比較的容易に資料にアクセスできるようになっている。従来の資料読解の授業では、教師が資料を選定して、生徒に読解させることが多かった（本稿もその一例である）。しかし、今後は生徒が自ら資料のアーカイブにアクセスして必要な資料を発見し、読解するこ

とができるようになる。本稿においてはその初歩段階として、資料保存のあり方や、デジタル化された資料が豊富に利用可能な状態であるということを示すことができた。授業をとおして生徒に資料整理・保存の意味や意義、それを継承していくことの大切さを伝えることができた。

　このような活動は、資料のアーカイブ化と、その意義を示すだけにはとどまらない。教師が積極的にデジタル化された資料の出典や参照したサイトを明示しながら授業で活用することによって、生徒が探究的な学びを進めるときの参照モデルとなる。

　今後の活動への展望として、サイトを指定してそのなかで資料を選択させたり、生徒に参照するサイトを選ばせたりする活動をとおして、生徒が自ら主体的に資料にアプローチできるように、段階的に指導していきたい。また、授業でデジタル化された資料の活用を進めることで、博物館や図書館、公文書館をも含めた、一層の具体性をもった歴史の学習となるだろう。そのような取組みは、学校教育の枠を越えた生涯教育としての歴史の実践に寄与するものになるのではないだろうか。

【参考文献・HP】

久留島典子『日本の歴史13　一揆と戦国大名』(講談社学術文庫、2009年)

文部科学省『高等学校学習指導要領(平成30年告示)解説　地理歴史編』(東洋館出版社、2019年)

山本幸司『日本の歴史9　頼朝の天下草創』(講談社学術文庫、2009年)

若杉温「鎌倉幕府ができた意味を考えよう　鎌倉幕府の成立」千葉県高等学校教育研究会歴史部会編『新版　新しい日本史の授業　生徒とともに深める歴史学習』(山川出版社、2019年)

神奈川県立歴史博物館「県指定重要文化財　源頼朝袖判下文　建久3年(1192)9月12日」(https://ch.kanagawa-museum.jp/monthly_choice/2018_04、最終閲覧日:2022年7月22日)

京都府立京都学・歴彩館　東寺百合文書WEB(http://hyakugo.pref.kyoto.lg.jp、最終閲覧日:2022年7月22日)

コラム2　映像や資料の活用

── NHK for School／山川&二宮 ICT ライブラリ──

　本文(**実践1**)にも書いたが、生徒たちも私も、実際にその時代、その場所を生きていたわけではないので、歴史の臨場感をもって理解させることはなかなか難しい。しかし、映像や視覚資料などを効果的に使うことで「歴史の息吹」を感じ、追体験することはできるのではないかと思う。実際にビジュアルで確認することで、生徒にはより強く印象づけられ、理解を深める助けになることも ICT の効果の一つである。また、授業の途中に映像や視覚資料を入れることで授業のリズムを変え、メリハリをつける効果もあるのではないかと思う。以下、授業で資料を活用する際に使いやすいコンテンツをいくつかご紹介したい。

① NHK for School

　「NHK for School」は、NHK の学習コンテンツである。小学生〜高校生を対象に、各教科、さまざまなテーマのコンテンツを利用することができ、短い時間でわかりやすい動画がたくさん公開されている。高校生向けの社会科には、日本史・地理・公民のコンテンツがある。

　「10min. ボックス日本史」では、CG や再現ドラマなどさまざまな映像を駆使して、古代から現代まで各時代のポイントが10分でコンパクトにまとめられている。また、動画は約1分ずつ scene01〜10のチャプターに分かれており、時間的な制約もあるなかでみせたいところだけを切り取ってみせることができる。

　例えば、私は鑑真が戒律を伝えるためにいかに苦難の末に来日したのかを伝えたくて、「進む中央集権化と国際文化〜奈良時代〜」のなかのscene06「日本にやってきた高僧鑑真」と scene07「6度目にようやく日本へ」のうち、みせたいところを約2分間切り取って紹介した。『東征伝絵巻』をもとに構成された動画であったが、鑑真がどのような思いで、どのような苦難の果てに日本にたどり着いたのかが伝わったと思う。

これも映像を活用してこその効果であろう。

　Wi-Fi が導入されている教室であれば、授業中にインターネットのサイトからそのままみせることができる。動画のリンクをコピーすることもできるので、後からみられるように QR コードにして、生徒に配布するプリントに貼り付けて活用することもできる。

② 　山川＆二宮 ICT ライブラリ

　一部のコンテンツを除き有料にはなるが、授業全般にわたって活用できる非常に便利なコンテンツがすべてそろっており、これから ICT を活用した授業に取り組もうとする際に「スターターパック」のように利用できる大変便利な Web サービスである。

　例えば、山川出版社の教科書や資料集を採用しているのであれば、掲載されている図表やイラスト、グラフなどをダウンロードして、PPTなどに貼り付けて使うことができる。スキャナーで読み取る手間が省けて効率化をはかれるうえ、画像もきれいである。

　また、教科書の単元ごとに PPT のスライドが準備されているので、そのまま授業に利用することもできる。もちろん自分で説明しやすいようにアレンジすることもできる。スライドには、まとめや問い・解答例もあり、観点別評価に活用することもできるだろう。

　動画や音声については、インターネット環境があることが前提となるが、Wi-Fi が導入されている教室であれば、日露戦争以降の近現代の貴重な映像をみせることができる。国際連盟からの脱退や二・二六事件、東京裁判など動画や音声があることによって、歴史の臨場感や緊迫感をより強く体感させることができるのではないだろうか。

　そのほか、指導案の作成に利用できる授業シートやさまざまな場面で利用できる問題も豊富に公開されており、ICT 初心者に限らず、広く活用できるサービスである。まずはこういったサービスやコンテンツを利用しながら、始めてみてはいかがだろうか。

（崎谷　恵美）

進学校での ICT を活用した授業実践

松木美加

勤務校の ICT 環境

　勤務校は、神奈川県の県立高校（全日制）で、普通科 1 学年 9 クラス。生徒の多くが難関国公立大学を志望する。なお、本稿はおもに前任校の神奈川県立横浜翠嵐高等学校での実践で、2020年度旧課程のものである。

・教師：タブレット PC（Surface 3）、プロジェクター（EPSON）。いずれも私物。

・生徒：おもに私物のスマートフォン（タブレットは少数派）。

・Chromebook100台が共用で使用可能（全校生徒約1,000人）。

・教室：マグネットスクリーンあり。常設のプロジェクターはないので、共用のものを職員室からもっていく（筆者は私物のプロジェクターを使用している）。特別教室（みらい館・2教室）にはプロジェクターが常設されている。校内は Wi-Fi が整備されているが、やや不安定。

・神奈川県立高校では、Google Workspace for Education（旧 G Suite for Education）が導入されており、2019年度から生徒一人一人に学校用アカウントが配付されている。

はじめに

　「何を学ぶか」「どう学ぶか」は、生徒の実態や科目特性によって異なるが、勤務校では「受験に通用する力をつける」ことははずせない。一方、世界史は「受験しない科目」だという生徒も多い。当然だが、授業では受験の有無に限らず世界史を「主体的」で「対話的」で「深い学

び」にすることが求められる。勤務校の特性から、受験の有無によって「学び方」は大きく異なる。文系では世界史という学問に関する濃密な知識・思考が求められ、理系では現代につながる基本的な知識・発展的な思考が求められる。これらを踏まえて、ICT活用の意図は、つぎのようにあげられる。

① 情報の伝達スピードをあげる。

　文系世界史（世界史B）は大学受験に対応する必要がある。大学入学共通テストに加え、国公立大学の2次試験・私立大学の一般入試において記述・論述力が必要であり、できるだけ早く教科書の範囲を終えて演習時間を確保したい。そのため、通史を超スピードで進めるのだが、生徒の理解が追いつかなかったり、授業内容が乏しかったりしてはいけない。充実した内容を「わかりやすく」「速く」進めることが求められる。

　一方で、理系世界史（世界史A）は必修科目として展開している。生徒の世界史の優先度・モチベーションは、受験科目と比較してかなり低い傾向にある。そのため、「なぜ世界史を学ぶか」を意識して、「知識・理解」よりも「思考力・判断力・表現力」「資料活用の技能」に重点をおいた。授業内で思考活動の時間を確保するために、前提知識の導入・解説時間をできるだけ短くする必要がある。

② 現代的なテーマを扱い、歴史と現代社会への関心を高める。

　学校近辺の写真、最近のニュース、芸術・音楽など、生徒の日常生活にかかわる身近な題材を扱うことで歴史と自身のかかわりを考えることは、歴史総合においても求められる学習の一つである。生徒がみたことのある・聞いたことのあるものを授業の導入等で取り上げることで、現代的な諸課題へのアンテナを高くもたせたい。

　なお、情報リテラシー能力については、現代社会の重要なスキルの一つである。基本的に、勤務校の生徒は「インターネットの情報はすべて正しいとは限らない」と理解している。そのため、世界史の授業でも、インターネットの使い方について注意はするが、普段から活用を推奨しているわけでもない（どちらかというと、インターネットよりも教科

書・資料集の情報から、授業内の課題に取り組むよう指示している）。

　彼らにとってより必要なのは「自分の意見を伝える力」だと考える。理系世界史の授業では「世界史テーマ研究」と題して、生徒自身が関心のあるテーマを決め、問いを立て、複数の考察を踏まえて結論を述べる授業をおこなった。テーマ・問いを決める際には現代社会の課題について考えさせ、複数の考察では歴史と現代の関係について考えさせる。自分の意見がどうすればより伝わるか、効果的かを判断して、スライドや身振り手振りで表現することで、アウトプットの力や将来的な情報活用スキルを伸ばしてもらいたい。

1　理系世界史の授業実践

1－1　世界史A（2年理系）

単元：ファシズムの台頭（注1）

▶**導入**［10分］

・授業プリント配付

　すべての授業において、プロジェクター・スクリーンの設置は授業開始前にすませる。

・本時の問い：PowerPoint（以下 PPT）❶❷

　スクリーンに使用している教科書・資料集を投影することで、生徒は手元の教科書等で該当箇所を確認できる。「本時の問い」は授業プリントにも記載する。板書しても良い。スライドに載せるだけでは、問いへの意識が薄くなる。

・解説：PPT ❸❹

　戦間期〜ヒトラー台頭にいたる過程を確認する。その際、各できごとによって、与党・右翼・左翼勢力がどのように変化するのかを同時に整理する。政治的事象と社会的事象の関連は、理解するのが難しい部分でもあるが、段階ごとに PPT のアニメーション機能で文字・図形を出現させることで、教科書の文章・図表をみるよりも、視覚的に理解しやす

授業プリント（世界史Ａ）

授業スライド（世界史Ａ、一部抜粋）　❶❷本時の問い。画像資料を多く取り上げる。❸プリントの空欄補充。生徒の8割程度が解答できれば、スライドを進める。黒背景・白文字でスライドをつくれば、黒板に直接投影することもできる。

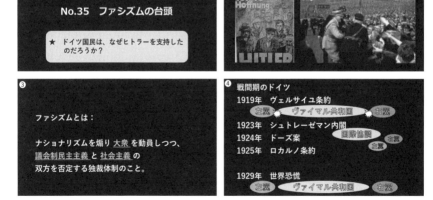

実践3　進学校でのICTを活用した授業実践　47

くなる。

▶展開〔25分〕

・課題1・2：授業プリント

　ここでは ICT は使用していない。授業展開としては、3種類のエキスパート資料を用意し、まず生徒に同じ資料同士で課題に取り組ませる（エキスパート活動）。その後、異なる資料同士で集まり、各資料から読み取ったことを共有し、課題を考察する（ジグソー活動）。

▶まとめ〔10分〕

・課題3：授業プリント、Google フォーム

　ジグソー活動を通じて、また本時の授業をとおして考えたことを、プリントに記入させて、その後、同じ内容を「Google フォーム」から入力・送信させる。プリントは対個人のツールとして、Google フォームは全体共有のツールとして、それぞれ優れた面があると考える。

　プリントは、生徒が1時間の授業で思考したことが1枚にまとまっているため、課題1・2でどのような取組みや思考をしたのかをみることができる。また、紙に書くことは、文字を入力するよりも自由度が高いため、図を描いたり波線を引いたりする生徒もおり、自由な意見を引き出しやすい。プリントは授業後に回収し、教師がコメント等をつけて返却する。

　一方、Google フォームは文字のみを入力するため、文章で表現する力を高めることにつながる。いちばんの利点といえるのが、全体共有が可能になる点だろう。フォームで回収した意見を集約して、「Google Classroom」を通じて配信することで、多くの意見を共有することができる。

1－2　世界史テーマ研究（2年理系）

単元：「○○の世界史」

（例：感染症の世界史、戦争における広告、音楽の世界史など）

　1年間世界史を学んで身につけた視点を用いて、社会に関係する諸テ

ーマについて自分なりに歴史的に考察させる、科目のまとめとして位置づけた。生徒自身が個人でテーマを決め、「問い」「考察」「結論」の構成でスライドを作成・発表する。テーマ決定・考察（1時間）、スライド作成等（2時間）、班内発表（1時間）、クラス内発表（1時間）の計5時間の単元構成とした。ここでは「スライド作成」と「班内発表」について述べる。

① スライド作成

スライドづくりの前に「発表の中身（問い・考察・結論）」ができているかを確認する。中身ができていないままスライドづくりに入ってしまうと、中身＜見た目になってしまう可能性があるため、活動の順序には気をつけたい。今回は互換性の点などから「Google スライド」を使用した。

スライドは生徒に自由につくらせても良いが、ある程度ルールやテンプレートを決めておくと、評価する際にも便利である（例えばスライド1枚目にタイトル・名前を入れる、結論はスライド1枚におさめるなど）。聞き手に興味をもたせ、伝わりやすいスライド発表ができるように、助言をしながらも生徒の自由さに任せるのも大事なことだと考える。

Google Classroom が使えるのであれば、「課題」で Google スライドを添付して生徒に配信すると、添付されたスライドが生徒個々のものとなり、そのままテンプレートとして編集可能になる。

② 班内発表

感染症対策にも気を配らなければならない時勢だったこともあり、また生徒に「模擬リモート会議」を体験させることもかねて、「Google Meet」（ビデオ会議用ツール）を使用して班内発表をおこなった。班は近くの席同士、4〜5人でつくるのだが、発表スライドの画面共有により顔は各々の端末に向け、発表者の声が届く範囲に座らせた（ハウリングの問題もあるため Google Meet のマイク機能は使わなかった）。

授業前に、Google Meet の会議コード（URL）を班の数だけ用意し、共有する。Google Meet 開始時の操作をあらかじめ提示しておくと、こう

いうものに慣れている生徒が対応でき、ほかの生徒にも波及していく。

▶導入［5分］

・発表、評価などのルール・流れの説明。

・Google Meet（とくに画面共有の仕方）について説明。

▶生徒による発表［35分］

・発表5分＋質疑・評価2分×5人

　発表のあり方は、基本的に生徒に任せる。パソコン操作、発表する姿勢・聞く姿勢に関する指導をおこなう。

▶まとめ［5分］

・相互評価

　班内で相互評価をおこなわせ、優秀発表者を決める。作成したスライドは Google Classroom で提出するように伝える。発表が始まると、教室内では全体指示がとおりにくくなる。伝えたいことはスライドにして黒板やスクリーンに映しておくと、気づいた生徒が班内などに呼びかけてくれる。

2　文系世界史の授業実践

世界史B（3年文系）

単元：戦後アメリカ史（注2）

▶導入［5分］

・前回の復習

　授業開始前には、ボブ・ディラン「Blowin' in the Wind」を投影してBGM として流す。前回の授業内容について教師が口頭で発問し、生徒は隣同士で説明・確認する。

・授業プリント配付：授業プリント、PPT ❶

　本時の概観を口頭で説明し、重要テーマ（ここでは人種問題）について問いを立てておく。

　授業プリントは一般的な空欄補充形式であるが、時間省略のため空欄

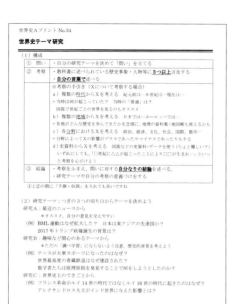

世界史Aプリント No.34

世界史テーマ研究

（１）構成

①	問い	・自分の研究テーマを決めて「問い」を立てる
②	考察	・教科書に述べられている歴史事象・人物等に**3つ以上**言及する ・**自分の言葉で**述べる
		☆考察の手引き（Xについて考察する場合） a）複数の**時代**からXを考える　紀元前は…B世紀は…現在は… ＊当時は何が起こっていた？　当時の「普通」は？ 図説で世紀ごとの世界を見るのもオススメ b）複数の**地域**からXを考える　日本では…ヨーロッパでは… ＊各地がどんな歴史を歩んできたかを念頭に、地理の資料集・地図帳も使えるかも c）各**分野**におけるXを考える　政治、経済、文化、社会、国際、都市… ＊分野によってXの影響がプラスであったりマイナスであったりする d）史資料からXを考える　図説などの史資料・データを使う（ちょっと難しい？） いずれにしても、「〇世紀に△△が起こったことにより□□が生まれ…」といった考察を心がけよう
③	結論	・考察をふまえ、問いに対する**自分なりの結論**を述べる。 ・研究テーマや自分の考察の意義づけをする

※①と②の間に「予測・仮説」を入れても良いですね

（２）研究テーマ：つぎの３つの切り口からテーマを決めよう

研究A：最近のニュースから
　　＊オススメ。自分の意見を交えやすい
（例）BML運動はなぜ拡大した？　日本は東アジアの先進国か？
　　　2017年トランプ政権誕生の背景は？
研究B：趣味など関心のあるテーマから
　　＊ただの「調べ学習」にならないよう注意。歴史的背景を考えよう
（例）テニスが大衆スポーツになったのはなぜ？
　　　世界最高度の青蔵鉄道はなぜ建設された？
　　　数学者たちは原理原則を発見することで何をしようとしたのか？
研究C：世界史上のできごとから
（例）フランス革命がルイ14世の時代ではなくルイ16世の時代に起きたのはなぜ？
　　　アレクサンドロス大王がインド世界に与えた影響とは？

授業プリント（世界史テーマ研究）

松木美加 ▶ 生徒１人
2月8日 （最終編集：3月2日）

【世A】プレゼン用 meet URL

☆自分のスライド（タブ）を開いた状態で

１．発表グループのURLを開く。
２．カメラ・マイクはOFF　「ブロック」「許可しない」
３．「今すぐ参加」を押す。

A (https://meet.google.com/pru-mhfk-vdh)

B (https://meet.google.com/yxv-fgoo-hsd)

C (https://meet.google.com/dgg-ejpp-yav)

D (https://meet.google.com/qvk-nzsd-brz)

会議コードの共有

（３）形式
・**Google スライド**で作成、発表します。
・スライドのテーマ、背景、色、文字サイズなどは変更しない。（文字色は、必要なところは変更可）
・文章は簡潔に。画像、地図、資料などを挿入して分かりやすく。
・スライド作成は chromebook を使用予定です。
・自分のＰＣ・タブレット等を持参してもＯＫ。

（４）スケジュール（予定）
①テーマ決定・探究（　　月　　日）@教室
②スライド作成（　　月　　日）@教室 or みらいA
③スライド作成（　　月　　日）@みらいA
④発表（　　月　　日）@みらいA

（５）評価
①問いの妥当性　②考察の深さ　③プレゼン力　※生徒同士の相互評価になります。

スライド作成の指示

の用語は板書せず口頭で伝える。Google Classroom で解答 PDF を事前に配信しておく。生徒は自分のスマートフォン等で確認しながら授業を受けたり、予習したりして授業に臨む。

▶展開［40分］

・解説：PPT ❷❸

　理系世界史と異なり、基本的には教師が終始講義をおこなう。授業プリントと資料集の該当ページを並べて投影し、今どこの説明をしているのかをわかるようにすることで、生徒の負担を減らし集中力を維持する。歴代アメリカ合衆国大統領を整理した後、年代ごとに、国内の問題、国際問題を整理する。1950年代のマッカーシズムについて、なぜこの時代に起こったかを問い、60年代の公民権運動を本時のメインテーマとして取り扱う。

　この授業をおこなったのは2020年12月であり、ブラック・ライヴズ・マターが高まった年である。黒人差別の歴史や公民権運動の結果など、「教科書に載っている知識事項」を理解することは勤務校の生徒にとてたやすい。一方で「教科書に載っている知識事項」にとどまってしまうことも多く、もう一歩踏み込んだ理解を促したいところであった。そのため、人種差別の歴史を経て登場したオバマ大統領について、その演説（英文）を取り上げた。資料を黒板に直接投影し、チョークで英文構造を補足しながら読んでいく。ただし、オバマ大統領の登場は人種差別撤廃のゴールにはならず、今日のブラック・ライヴズ・マターにつながっていることを紹介する。

▶まとめ［1分］

・本時の振り返り

　理想をいえば、生徒自身がまとめの記述をおこなったり、関連問題を解いたりして、本時を終えることが望ましいのだが、展開に時間をあてすぎて教師が口頭で授業の振り返りをおこなうというような終わり方になりやすい。言い訳をすれば、生徒たちはこの後、本時の授業内容について友人と意見をいい合いながら教室移動をしている。

授業プリント（世界史Ｂ）

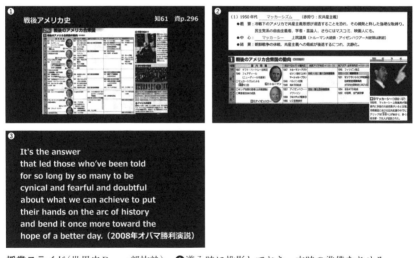

It's the answer
that led those who've been told
for so long by so many to be
cynical and fearful and doubtful
about what we can achieve to put
their hands on the arc of history
and bend it once more toward the
hope of a better day. （2008年オバマ勝利演説）

授業スライド（世界史Ｂ、一部抜粋）　❶導入時に投影しておき、本時の準備をさせる。
❸オバマ大統領の演説の一部。チョークで文法・用語の解説をするのもおもしろい。なお、
スライド掲載の紙面は、『ニューステージ　世界史詳覧』（株式会社浜島書店）より転載。

3　学習効果・課題

①　授業時間外における学習の保障

　授業プリント PDF やスライド資料を Google Classroom にて生徒と共有することで、授業前・後にも生徒が自主的に学習に取り組める環境ができた。「答えが共有されることで授業を聞かなくなるのでは」という懸念もあるかもしれないが、その点については日頃から「予習で疑問点をみつけ、授業中に解決・理解できるようにし、それでもわからないところは授業後に復習したり先生に聞いたりする」という学習指導をしている。

　また、「授業＝ライブ」であるがゆえに、欠席したらつぎの授業についていけなくなる不安が生徒にはあったと思う。授業内容の共有がおこなわれることで、その不安を少しはぬぐいとることができたのではないか。新型コロナウイルス感染症の拡大にともない、休校やオンライン授業など、授業が虫食い状態になる生徒も多いなか、生徒の学習機会を保障するには ICT の活用抜きでは困難であった。

②　全体授業における生徒の集中維持

　「教科書や資料集のこの部分をみよ」という指示は、プロジェクターを使用せずとも可能であるが、該当ページを黒板（スクリーン）に投影した状態で指示したほうが生徒の集中力を落とすことがないと思われる。「何ページのどこ」を生徒が聞き落としてしまうと、どこをみれば良いのかわからなくなり、その間に教師による解説が進んでしまう。そうすると生徒のやる気が削がれ、授業への集中力も低下してしまうと考えられる。

③　生徒個々の学習の確認

　生徒に自分の考えを Google フォームで回答させることで、個々の生徒がどのような思考をしたかを手軽にみることが可能になる。授業中に発言させる、記入したプリントを回収するなどの方法もあるが、授業中の発言は生徒にとってハードルが高く萎縮してしまったり、プリント回

収はチェック・返却をともなうものなので教師の多忙化につながったりして、難しい部分がある。

　また、生徒個人の回答をデータとして記録していくことで、生徒の学習理解や思考傾向などを分析・評価することが可能になる。「はじめは稚拙な表現しかできなかった生徒が、１年間の授業を経て、論理的な考察を述べられるようになった」というような、中・長期的な学習評価ができ、これは新しい教育課程における評価にも通ずるものだと考えられる。

　Google フォームによって、一斉授業のなかでフィードバックすることも容易となった。その際に回答者の名前をふせれば、筆記の特徴から推測されることもなく、回答例として取り上げられる生徒の不安感も小さくできる。また教師側も、筆記の特徴から回答の良し悪しを判断することがなくなるので、生徒たちが何を考えているのか、真髄をとらえることができるだろう。

　Google フォームの難点としては、文章で表現する必要がある点があげられる。図表・イラストで表現するのには適さず、文章表現が苦手な生徒にとってはやや苦労するところかもしれない（そこを鍛えたいところでもあるが）。別の手法として、紙などに描いたものを写真に撮ってオンラインで提出するタイプのものもあるので、工夫次第といったところだろうか。

おわりに

　授業づくりにおいていちばん重要なのは、ICT をどれだけ活用するかではなく、「はじめに」でも述べたように、どのような授業をめざすかだと考える。その目標を達成するためにより効果的な手法を考えたとき、ICT の活用によって達成できる点があれば、部分的にでも取り入れるのが良いのだと思う。

　筆者が現在勤務する神奈川県立横須賀大津高等学校は、平成31年度か

ら令和3年度の3年間「県立高校指定校事業　ICT 利活用授業研究推進校」として、プロジェクターの教室配備、1人1台端末の導入、ICT 活用研修会などがおこなわれてきた。多くの教師が Google Classroom や「ロイロノート・スクール」を利用しており、定期試験もマークシート方式でおこなうなど、とくに授業評価の効率化が進められている。一方、実際の授業では紙のプリントを配付したり板書をしたりするなど、すべて ICT というわけではない。

　公立高校では電子黒板やプロジェクターの設置など、ハード面の整備がようやく進められているところであろう。いまだ校内の Wi-Fi 環境は万全とはいえず、また端末の充電問題をどうするかなど、ハード面の課題は授業の進め方などのソフト面の遅れにも影響している。ただ、ソフト面の ICT 化を急ぐことは、ICT 活用スキルによる生徒間の学習格差を生じさせる恐れもある。すべて自身の端末でプリント等を管理している生徒もいれば、端末へのログインの仕方すらわからない生徒もおり、教科とは関係のない部分で生徒の評価に差がついてしまうことは避けなければならない。学校全体で ICT への取組みを進め、教師だけでなく生徒へのフォロー体制を構築する必要があるだろう。

　学校全体の課題となると、その解決への歩みは必要なことだが、ちょっと足が重たくなりそうである。まずは、自身の担当する授業で生徒の学力を高められるよう ICT を効果的に活用できないか。一斉授業の一部でプロジェクターを利用したり、動画や音楽を流したり。めざす授業のためにできることをいろいろ試してみるのが、教師自身も楽しいし、生徒にとってもきっと刺激的だと思う。

注

1　授業プリントは、神戸学院大学・北村厚先生の教材(世界史 A ジグソー法実践⑤ドイツ国民はなぜヒトラーを支持したのだろうか？)を参考に作成した。

2　授業プリントは、神奈川県立鶴見高等学校(現横浜国際高等学校)・徳原拓哉先生の教材(Yes We Can Change ○○！　○○の中身は？　BLM とアメリカ黒人から

みた世界史記述)を参考に作成した。

1・2ともに、教材共有サイト2.0　高大連携歴史教育研究会(https://kodai-kyo zai2.org、最終閲覧日：2023年2月1日)を参照。

本実践の授業プリント・スライド等のデータ(一部)は、こちらから確認できます。
https://ywl.jp/c/Bp9

コラム3　教材・教科書のデジタル化

① プリントの PDF 化

　授業プリントに書き込んでほしい語句を板書する。よくある授業風景だが、この教師による「語句の板書」は意外と時間がかかり、生徒の活動量・授業スピードを低下させてしまうこともある(もちろん、本時のキーワード語句など、重要性が高く生徒の意識アップにつながる場面もある)。

　そこで、例えば空欄補充形式の授業プリントの解答を PDF 化して生徒に共有すれば、解答を確認するために板書する必要はなくなり、解説や活動の時間を生み出すことができる。また、PPT を使用した授業でよく起こる「さっきのスライドをもう一度みたい」問題も、スライドの PDF をあらかじめ共有できていれば、すぐに見返すことが可能になる。授業プリントや解答の PDF を授業前に Google Classroom などで配布・共有することで、プリントの予習(記入)をしたうえで授業に臨みたいという生徒の希望をかなえることもできる。

　解答を印刷し配布するという方法もあるが、PDF では、プリントを白黒でもカラーでも提示することができる。私がよくやるのが「勢力カラー分け」で、例えば【貴族】【資本家】【労働者】などを色で示してわかりやすくする、というものである。プリントの文字色・背景色などを整えて PDF 化・共有化すれば、生徒の学習の助けにもなるだろう。もちろん、Word に挿入した画像・フローチャート等の資料もカラーで共有できるので、みやすさも申し分ない。Word や PPT で教材を作成している場合、保存または印刷の手順で PDF ファイルの作成が可能である。

▶やり方1

　「名前を付けて保存」の際に、「ファイルの種類」を Word または PPT から PDF に変更して保存する。

▶やり方2

「印刷」の際に、プリンターを「Microsoft Print to PDF」に設定し、印刷ボタンを押す(その後、保存場所やファイル名を設定する)。印刷ページを指定すれば、指定したページの PDF ファイルが作成できる。

② デジタル教科書・教科書 PDF

授業で PPT を用いて解説する際、あると大変便利なのが「デジタル教科書」または「教科書 PDF」である。授業中にパソコンやタブレットで開いて教師がみるために使っても良し、黒板・スクリーンに投影して教室内で共有しても良し。PPT で授業を構成している場合、教科書のページをスクリーンショット等で画像化して PPT に貼り付ければ、教科書や資料集、教科書以外の資料、問いなどを、すべてスライドに組み込むことができ、授業展開がスムーズになる。ちなみに、スライドを投影したときに文字・資料が明瞭にみえなくても、教科書の該当ページや注目している箇所がわかれば、生徒は手元の教科書をみて確認できるため、あまり画像の鮮明さには凝る必要はないだろう。

また、教科書をデータとしてもち運べるようになるので、教師にとってもメリットが大きい。自宅で授業準備やテストの作問などをする際に、学校から教科書をもち帰らなくても、オンライン上の教科書データを自宅で使用することができる。

教科書 PDF は、教科書指導書の付属データに収録されている場合も多い。購入していない場合、荒業ではあるが、教科書の各ページをスキャナで読み取り PDF 化することもできる。本を見開きのままスキャンできるスキャナがあれば良いが、ない場合はかなり手間がかかる。また、荒業中の荒業であるが、教科書本体を切り開いて 1 枚ずつスキャンする方法もある(切り開いた教科書は、本としては使えなくなる)。いずれにせよ、時間と労力と物理的犠牲をともなうので、正式なデジタル教科書や PDF を購入することをお勧めしたい。

(松木　美加)

ICT を活用した授業実践

─PowerPoint からロイロ・ノートへ─

藤原祥子

勤務校の ICT 環境

　筆者は2010年に教職に就き、そこから変わらず神戸にある中高一貫の私立の女子校に勤務している。当初は、ICT を授業に活用するなど勤務校の教師のあいだでは念頭にもなかったが、年々 ICT を使った教育の重要性が内外で叫ばれるようになり、勤務校でも2014年に電子黒板等の ICT 機器の導入を検討する委員会が立ち上がることになった。委員会では、ICT を導入し、それを活用した授業により、双方向授業やアクティブ・ラーニング（以下 AL）を進めることが話し合われた。

　検討の結果、2015年に無線 LAN アクセスポイントが設営され、英語教室と多目的教室に授業で生徒が使用できる iPad が94台導入された。その後、2016年には中学棟のすべての教室に電子黒板が、2017年には高校棟のすべての教室に電子黒板が導入され、デジタル教科書を用いる等、電子黒板を積極的に活用した多様な授業実践が各教科で話し合われた。2018年より、大学入学共通テストへの対応を考え、高校１年生の生徒全員に１人１台 iPad を所持させ、また教師にも１人１台 iPad が配布され、より充実した ICT 教育の実施がめざされることになった。

　2019年には、学園創立130周年の記念事業として、ラーニングコモンズルーム（LCR、**写真１**）が校舎内に設置されたが、ここにはより多機能な電子黒板が３壁面に設置されており、何パターンもの組み合わせが可能な可動式の机と椅子がある。おもに探究授業で活用されているが、授業中に生徒たち同士で自由に話し合いができる教室となっている。

写真1　ラーニングコモンズルーム

　ここまでの ICT 環境整備の流れは、先述した委員会で検討され、年ごとに計画的に実施されてきたが、2020年に入り、新型コロナウイルス感染症の拡大による一斉休校を受けて、オンライン授業等のために、中学生にも 1 人 1 台 iPad が貸し出されることになった。コロナ禍以前は、ICT 環境が整備されていても活用しているのは一部の教師だけという状況であったが、一斉休校で必然的にオンライン授業をせざるをえなくなり、ICT に慣れていかなければいけないという教師側の意識にも変化があった。以上が勤務校の ICT 環境であるが、これは勤務校が特別に先進校であるわけでもなく、近隣の中高一貫私学と同じような環境であるといえる。

はじめに

　筆者が中高時代に受けた社会(とくに歴史)の授業では、名物とされる教師が教科書の行間を埋めるようなエピソードを巧みな話術でよどみなく語り、筆者も含めた生徒たちはその時間の単元の時代に引き込まれていた。筆者自身は、世界史そのものが大好きだったのだが、教科書の内

容よりも教師の雑談や歴史の裏エピソードのほうをよく覚えており、教師になったときに、自分もそんな深い話ができるようになりたいと思った。ただ実際は、自分が話下手で緊張しがちな人間のため、教材研究した内容を生徒にあまりうまく伝えることができず、授業の難しさともどかしさを感じていた。そんなときに勤務校で iPad や電子黒板が導入されることとなり、「自分の話術や授業スキルでできないことを、ICT を活用してできないだろうか」と考えたのが活用のきっかけである。そのため、最初は黒板への板書が主で ICT 活用は板書を補完するものと考えていた。

　しかし、コロナ禍で勤務校でもオンライン授業を実施することになり、オンライン授業を簡単にできる方法として、教室でおこなう授業を iPad で撮影し、それを「Microsoft Teams」というアプリケーションを使用してオンデマンド配信するかたちをとることになった。ただし iPad で撮影するとなると、撮影できる範囲に限りがあることから、電子黒板のみを撮影して電子黒板に投影するものだけで完結できるように授業を組み直したので、必然的に黒板に板書することがなくなってしまった。

　また、文部科学省が推進している AL の流れもある。勤務校でも2017年にアクティブ・ラーニング等研究委員会が立ち上がり、授業で AL を取り入れる方法を検討することとなった。その結果、多くの教師たちが何らかの方法で AL を授業に取り入れるようになり、その授業実践を毎年「Shinwa Education Forum」というかたちで外部にも公開している。筆者自身も難しいと感じながらも、少しずつ授業に AL を取り入れるようになったが、この AL 実践にも ICT を活用している。この2つの動きが重なり、現在では ICT 活用が授業の主になりつつある。ICT を活用してスムーズに授業のポイントを押さえ、生徒が自ら活動できる時間をとっていけたらと筆者は考えている。

1 導入初期の授業実践

　筆者は2020年1月から2021年3月まで休職していた。その間に先述のようにコロナ禍による一斉休校、オンライン授業の導入などがあり、勤務校のICT化も急激に進んでいた。2021年4月に復帰したときには、その波についていくのに必死で、最初の1年は試行錯誤を繰り返しながらすごした。そのため休職する前と後では、筆者のICT活用方法も大きく変化したといえる。

　その一例が「ロイロノート・スクール」(以下ロイロ)の活用である。ロイロについては後述するが、ロイロを活用することで筆者はさまざまな授業実践が可能となった。このことから筆者の授業実践を紹介するのに、休職する以前の2019年12月までを導入初期、復帰した2021年4月からを活用期と区分することとする。また、勤務校は中高一貫校であり、1人の教師が中学と高校両方の授業を担当することが多いため、筆者の授業実践は高校世界史だけではなく、中学歴史でもおこなった内容である(とくにこの数年は中学歴史を主でもつことのほうが多かった)ことをつけ加えておく。

　先述のとおり、勤務校のICT機器の導入は2016年から本格化したが、筆者は教科主任をしていたこともあり、授業に積極的にICTを取り入れてみた。ただし筆者のICTスキルは決して高くはないので、基本的な活用から始め、自分の授業に合わせて活用を変化させていった。以下3つの活用を紹介する。

① 自分で撮った写真や教科書・資料集の図版を電子黒板でみせる。

　これはいちばん初期の活用である。iPadのなかに写真や美術作品の画像を入れておき、教室の電子黒板とiPadをケーブルで接続するだけでできる。複数の写真・図版を1つの画面でみせたいときは、Power-Point(以下PPT)でまとめて投影した。この時期は電子黒板そのものが目新しく、使ってみたい一心で使用したが、筆者自らが訪れた場所で撮った写真をみせ、そこで感じたこと等を熱く語ることができた。

また、資料集の図版も大きくみせることができる。今まで資料集をみせるときは生徒の目線が下になってしまっていたが、それが前に向いたので一定の効果はあったように思う。資料集の図版を使用するときは、最初は使用したい図版をスキャナで取り込んでいたが、「デジタル素材集」(山川出版社)には山川出版社から出版されている教科書・資料集の図版が入っているため、資料をパソコン上でコピーするだけで使用できるので非常に活用しやすい。筆者は、高校2・3年生の世界史を担当することが多く、勤務校の生徒たちの多くはこちらが熱く語っていることを受け止めてくれ、また選択生の授業でもあったため、この単純な活用方法でも生徒たちは興味・関心をもってくれていた。

　この使用方法に慣れてくると、教科書・資料集にはない写真や美術作品をインターネットで検索して、授業に取り込むようになった。例えば、宗教改革の単元でヘンリ8世の離婚問題の話をするときに、ヘンリ8世と結婚した6人の女性の肖像画を投影した。6人の女性の肖像画は資料集に載っていないことも多く、電子黒板でみせることによって、話に深みをもたせることができたし、生徒たちに世界史をより身近に感じさせられたと思う。

② 　インターネットのサイトを授業内で共有する。

　①の延長の活用方法である。iPadを電子黒板に接続しておき、授業でみせたいサイトにアクセスする。導入初期では「Google Earth」などを使用することが多く、パリやロンドンの街並みや万里の長城などの航空写真をみせていた。また、「NHK for School」内にある動画もよく活用した。中学生はとくに、教科書等の文で読むよりも、目でみたほうが受け入れやすいので、授業の導入等で共有することが多い。

　また、生徒たちがふと発言した疑問でおもしろいものについて、一緒に検索して共有するということもしてみた。産業革命の単元のときに「蒸気力って実際どれくらいの力があるんだろう？」と発言した生徒がいた。言葉で説明するよりも、実際にインターネットで検索して確認したほうがわかりやすいだろうと考えたので、授業内で共有してみたが、

わかりやすくまとめたサイトや動画があり、みんなで納得したことがあった。この時期はまだ授業中にインターネットを使うことは珍しかったので、生徒たちは非常に食いついてきていた。

　このコロナ禍で、授業で活用できそうなサイトが充実している。勤務校では毎年、高校2年生から3年生にあがる春休みに、徳島県鳴門市にある大塚国際美術館に行く研修を希望者で実施してきた。大塚国際美術館とは、ご存知のように世界26か国の西洋名画1,000点あまりを陶板で原寸大に再現した、日本最大級の常設展示スペースをもつ「すべて偽物」の美術館である。古代ギリシャの壺絵から中世キリスト教絵画やルネサンス期の絵画、バロック式、近代・現代の絵画までが展示されており、その違いが一目でわかるため、生徒たちが苦手とする文化史を体感してもらうのに非常に有効な研修であった。しかし、その研修がコロナ禍の今、さまざまな行事自粛のなかで実施できなくなってしまった。何か良い代替案がないか考えたときに、国内外のさまざまな美術館・博物館がオンライン公開していることを知った。ルーヴル美術館や大英博物館も公開しており、美術作品のサイズ感などはつかみにくいが、本物の作品を詳細にみせることができるので有用である。

　また、「Google Arts & Culture」というサイトまたはアプリもある。これは、Googleがアメリカのメトロポリタン美術館やイタリアのウフィツィ美術館など、世界の名だたる美術館と協力して、数万点の芸術作品をオンライン上に掲載しているものである。Googleのストリートビューの機能も利用できるので、インターネット上で美術館内を歩くこともできる。美術館以外にもピラミッドを間近でみることができたり、ヴェルサイユ宮殿の内部までみることができたりする。生徒が自ら行きたいところ、みたいところに視点を動かすことができるので、絶対王政の単元でルイ14世の話をするときに使用してみたが、生徒たちは自分のiPadで詳細までじっくりと鑑賞していた。はじめてみると、かなり驚かされるので、一度みてみることをお勧めしたい。

③　授業スライドをみせる。

　筆者は、基本的にはプリントを配布し、その空欄を埋めるかたちで授業を進めている。電子黒板を使うことに慣れてきたため、つぎの段階として自分の授業を補完する PPT をつくり、電子黒板に投影しようと考えた。あくまでも空欄補充は板書でおこない、自分が提示したい資料やインターネットのサイトを PPT に載せて自分が思う順番でスライドを示すものである。

　PPT には○や△といった図形を挿入する機能やその図形をアニメーションで動かす機能、またサイトのリンクをスライドに貼り付ける機能がある。自分がみせたい資料をスライドにあげ、とくにここに注目してほしいという箇所がある場合、アニメーションで赤丸をつけてみせるということができる。電子黒板の電子ペンを使い丸をつけるということもできるが、スライドを変えるときに消さねばならず、少し手間なこともあり、筆者は PPT の機能を使用している。また、サイトのリンクを貼っておけば、いちいちインターネットを立ち上げて検索するという作業が必要ないので、スムーズに授業を進めることができる。

　授業スライドをつくることで、こちらが話したいことを順番どおりに提示することができ、手間が非常に少なくなったように思う。また、この授業スライドをつくる際、筆者はパソコン上で PPT ファイルを作成し、それを自分の iPad に落とし込んで授業で使用していた。筆者の使用しているパソコンは Mac なので、パソコン上で作成した PPT ファイルを「AirDrop」という機能を使って簡単に iPad に落とし込むことができた。パソコンが Windows の場合、iPad に落とし込むには少し手間がかかるらしい。

　以上が導入初期の授業実践である。この時期は、板書が主の授業展開をしていたため、電子黒板は使用するとわかっている授業でのみ用意し、使用しないときはもちろん電源を入れることもしていなかった。また iPad については、１人１台所持している学年を担当することがなかったので、iPad を使った授業実践については考えていなかった。

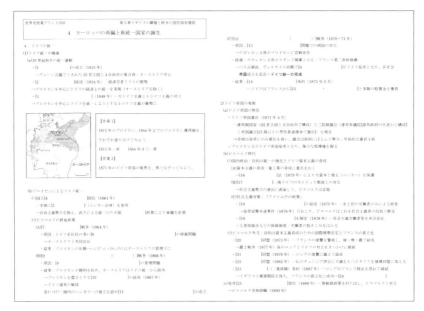

授業プリント

導入初期の授業スライド（一部抜粋） プリントの内容をそのままスライドにするのではなく、筆者がとくに説明したいものだけをスライドにしていた。

実践4　ICT を活用した授業実践　**67**

2 活用期の授業実践

　2020年4月より、中学生にも iPad が貸し出されることになったため、勤務校ではクラウド型授業支援ツールとして本格的にロイロを採用することとなった。ロイロとは、株式会社 LoiLo が提供するタブレット用授業支援アプリであり、教師側は授業資料の配布から課題の回収、生徒の意見を授業内で共有することなどができ、生徒側も課題の提出、発表資料の作成などができて、教師と生徒の双方がこのアプリを主体的に授業で活用することができるものである。勤務校では、以前から個人的に活用していた教師はいたが、この本格導入により教師にも生徒にも iPad のなかにアプリがダウンロードされた。ロイロを活用することにより、授業中にインターネットを通じて、教師と生徒、もしくは生徒同士が情報共有しながら、学習することができる。

　筆者が復職した2020年4月の段階では導入して1年目であったが、ショートホームルームの連絡等でも活用されていたため、筆者も以前授業で用いていたスライドを発展させるとともに、ロイロを授業に本格的に導入することを考えた。以下2つの活用を紹介するが、ロイロを活用した授業実践については、ロイロ以外の授業支援ツールでも同じようにおこなえる機能があると思うので、参考にしていただければと思う。

① 授業スライド発展版をみせる。

　先述したようにコロナ禍で授業をオンデマンド配信することになり、授業を補完する PPT ではなく、授業プリント自体も PPT につくりかえて電子黒板に投影することにした。もともと授業プリントの Word のデータはあったので、PPT につくりかえることは簡単にでき、空欄補充の部分はアニメーション機能を使用して、授業のタイミングで浮かび上がるかたちにした。ただプリントのスライドのみではなく、導入初期に作成したような授業を補完するスライドもはさみ込み、自分が授業内で話したい内容、流れになっている PPT ファイルとなった。「山川デジタル教材集」(山川出版社)には単元 PPT が入っており、補完スライ

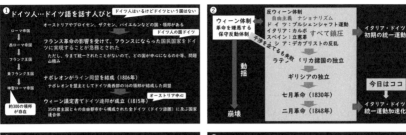

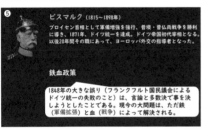

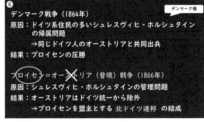

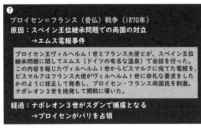

活用期の授業スライド（一部抜粋）　❶・❷は流れ図スライド、❸・❹・❽は前に作成していた授業補完スライド、❺・❻・❼は空欄補充スライド。

ドをつくる際にはおおいに参考にさせてもらった。

　また、授業をすべて PPT にしたことで、スムーズに授業展開できるようになったので、授業時間の単元が時代の流れのなかでどこに位置するのかがわかるスライドも作成してみた。『流れ図世界史図録ヒストリカ』(山川出版社)に掲載されているような流れ図を授業用に作成しなおしたものである。従来の授業プリント1枚につき、空欄補充スライド、授業補完スライド、流れ図スライドがあるため、スライド数は平均30枚近くとなった。

　このような PPT を用いた授業の進め方としては、まず流れ図スライドで本時の位置を確認し、空欄補充、授業補完スライドでプリントの説明をした。そして授業終了後、ロイロの「資料箱」に PPT ファイルを保存し、生徒がいつでも授業で使用したスライドをみられるようにした(ちなみにロイロでは、PPT ファイルをそのまま保存することはできない。そのため PPT ファイルを保存するときに、ビデオの作成で MP4 ファイルにしてから保存する必要がある)。

　生徒たちは1人1台 iPad をもっているため、生徒自身の iPad で PPT をみせようかとも考えたが、生徒の目線が下に向くことになり、生徒の表情がみえなくなると考え、このかたちをとることにした。この方法で授業をおこなうと、ほぼ黒板を使用しなくなり、黒板の前に立って授業を進める必要はなくなった。ただ授業時間中、生徒たちは電子黒板をずっとみることになり、そんな生徒の姿をみていると、少しだれてしまっているような気がしたため、授業の最後、もしくは宿題として問題を配布して解かせるという方法をとった。この活用方法も、筆者の担当している授業は高校2・3年生が多いため、生徒たちは抵抗なく授業に参加していた。

②　ロイロノート・スクールの機能を活用する。

　授業スライド発展版の作成と同時に、ロイロを最大限活用した授業展開も考えた。ロイロの公式サイトなどでは、その紹介文に「ロイロを使用することで、簡単に自分の思考をまとめ、発表することができ、生徒

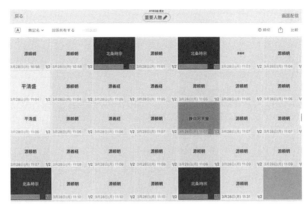

写真2　提出箱

　たちが自ら考え表現できる機会を増やすことができる」とある。勤務校で AL を推進している教師たちも、このロイロを使用してさまざまな AL を実践しているので、筆者も自分の授業で活用しようと考えているが、まだ模索段階である。そのため、以下にあげる活用方法は、基本的なものであることを断っておく。

　ロイロには「提出箱」という機能がある。これは、生徒たちの回答を集めて一覧で確認できる機能である。提出物ごとに提出箱を作成でき、提出期限も設定できる。この提出箱にはロイロで作成したカードや写真ファイルを提出できるため、この機能を使い、基本的には生徒たちに課した課題を写真やカードで提出させている。中学生の授業では、授業で書きとったノートを授業終了時にその場で写真に撮って提出させている。この機能の応用として、教師の発問に対して、生徒が自分で考えた答えを提出箱に提出することもできる。さらに「回答共有」という機能を使うと、生徒はほかの人の提出物をみることができ、意見の共有が簡単にできる。

　写真2は、中学生の授業で使用したものだが、「３学期に勉強したなかでいちばんの重要人物はだれか」という問いに対して、あらかじめ答えを複数設定しておいて、写真のように色付きのカードで送るように指示した。そうすると答えの違いが一目でわかりやすくなり、クラスの傾

向などがよくわかった。高校の世界史では、文化史の単元で、「自分が
いちばん良いと思う作品を選んで提出しなさい」などと指示して提出さ
せ、回答共有をすることで、授業内にさまざまな意見交換ができたりも
した。

　つぎにロイロには「テストカード」という機能もある。これは、ロイ
ロ上でテストやアンケートを作成し、自動集計できる機能である。テス
トは選択肢や自由記述の問題をつくることができる。このテストカード
には自動採点機能があるので、筆者は当初こちらで単元ごとに小テスト
をつくり、それを生徒に解かせていたが、生徒が慣れてきたところで、
生徒たちに確認テストというかたちで自分がいちばん大事だと思うとこ
ろ、間違えやすいと思う用語についての問題をつくらせてみた。

　まず中学生には、授業時間を１時間とり、**写真３**のような指示を出し
て生徒に問題をつくらせた。生徒たちは、問題づくりに苦戦しながらも
「先生が定期考査をつくるときの気持ちがわかった」「自分がしっかり歴
史を理解していないと問題はつくれないので、自分の確認にもなったし、
楽しかった」などといっていた。このテストカードでは、問題ごとの正
解率まで出すことができるので、正解率を60〜70％と指定した。やはり
その指定が難しかったらしく、みな一様に「簡単すぎず、難しすぎずの
問題をつくるのが難しかった」と授業後に述べていた。しかし、この形
式を何回か繰り返すと慣れてくる生徒もおり、「どこが大事なのかを考
えながら授業を受けることができた」と述べた生徒もいる。生徒たちが
つくった問題は提出箱に提出させ、回答共有をしたままにしておいたの
で、テスト前に確認として活用する生徒もいた。

　高校生向けには、単元が終わるごとに宿題というかたちで１問だけ問
題をつくらせ、あわせて自分がつくった問題のポイント解説をカードで
つくらせた。正解率60〜70％の問題という指定は中学生と同様に指示し
た。選択授業で少人数の授業であるため、授業開始時に全員で提出した
問題を解き、テストカードのアンケート機能を使って、どの問題がいち
ばん良いと思ったかを答えてもらった。そのうえで、選ばれた問題の作

【これだけで2学期の復習ができる！問題】を作ろう

①2学期にやった授業を思い出し、提出箱に提出されたクラスの人の意見も参考にしながら、出題したい内容を考える。

②テストカードで5問以上作成する。**4問目までは一問一答、5問目は選択肢が文章になるように考える。**

③グループでお互いが作った問題を解き合い、**フィードバックする。**グループで自慢のテストカードを作成する。

※あとでクラスで解きます。その際、正解率が全て60-70%になるように、問題を考えてください。

④グループの代表1人が提出箱に提出する。

写真3　テストカード

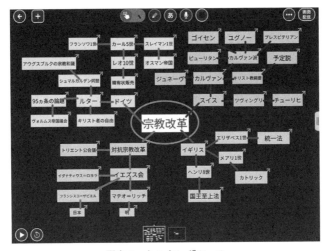

写真4　シンキングツール

成者には、問題の解説をしてもらった。中学・高校ともに「生徒が自分で問題をつくってみる」という作業を効率的・効果的におこなうには、ロイロのこの機能が有用であった。

　最後にロイロには「シンキングツール（思考ツール）」という機能もあ

る。シンキングツールとはロイロ以外でも使われているもので、考えるための道具である。自分の考えを図などで可視化することで、思考をまとめることができる。ロイロでは、アプリ上に22個のシンキングツールが掲載されており、それらを取り出して、そこに自分の考えを書き込むことで簡単に思考をまとめることができ、授業中に共有することもできる。このシンキングツールを使用することで、生徒に自由にアイデアを出させ、それらをまとめて再構築することができるらしいが、まだ筆者自身は生徒個人に自由に使用させたことはない。

　筆者の活用方法としては、テスト前にテスト範囲のまとめをする際、**写真4**（→ p.73）のように、「ウェビング」というシンキングツールを使用して、生徒とマインドマップを作成した。授業の最初に、真ん中にある「お題（ここでは宗教改革）」を掲げ、これに関連することとして、「ドイツ、スイス、イギリス、対抗宗教改革」を指定する。そこから連想することを考えさせ、一人一人あてて「ドイツはルター」などと答えさせた。そして筆者がロイロ上で生徒が発言した内容をカードにまとめて貼り付けていき、大きく膨らんだものが写真である。テスト前にこのような図を示すことによって、用語だけを覚えようとする生徒に対して、原因や結果などの用語と用語の関係を考えさせることができた。生徒が授業のなかで、自分の考えをまとめることができるものがシンキングツールなので、生徒に自分で使わせるほうが本来の活用方法なのだろうが、今はこの段階でとどまっている。将来的には、生徒自らが授業の内容をこのようにまとめられるように展開していきたいと考えている。

　以上が活用期の授業実践である。この時期は1人1台iPadを所持し、オンライン授業が普通になっていたため、電子黒板、iPadをフル活用した授業実践を考えおこなった。授業の準備としては、休み時間中に電子黒板を立ち上げ、自分のiPadを接続し、授業スライドを投影する。そして授業が始まると順番どおりにスライドを進めた。また、生徒のiPadは、ロイロを使って作業をさせるときに適宜使用させた。

おわりに

　筆者が ICT を授業にはじめて取り入れたのは2016年であるので、ICT を活用した授業実践をおこなって実質 6 年になる。超初歩的な活用から始めたため、その歩みはかなりゆっくりとしたものであったが、6 年経って思うことを最後に簡単に述べておきたい。

　まず授業内容とは離れたことになるが、筆者がこの 6 年で悩まされたのは、ICT スキルがそこまで高くないため、授業中に授業内容以外のことで問題が起こると何もできなくなってしまうことである。例えば、画面が固まったり、動画をみせるのに音声が出なかったり、初歩的なところでいえば、授業で使用する PPT ファイルを iPad に入れ忘れたり……などということもあった。また、授業で生徒に iPad を使わせるようになると、中学生が使用している iPad は校内の Wi-Fi を使用しているため、Wi-Fi の電波が弱いとロイロが使えないなどということもあった。

　このようなことは、ICT スキルが高い人からしたら簡単に解決できることなのだろうが、筆者には解決が難しく、つねに「うまくいかなかったときの代替案」を考えて授業づくりをしていた。代替案の例としては、動画をみせる予定なのにうまく再生できないときは、その動画はみせるのをあきらめて、簡単に口頭で動画の説明をして授業を進め、つぎの授業のときにみせていた。また、生徒のロイロが使えないときは、残念ながら現在の筆者には対応策はほぼなく、ほかのクラスでおこなった内容(例えばロイロの提出箱の機能やアンケート機能の結果など)を電子黒板に投影したり、板書ですますことができるのであれば、それで対応したりした。いずれにしても代替案とはいいがたく、授業の効果はかなり変わってしまうといえる。

　また、授業中に生徒に iPad を使わせる時間が長くなると、高校生はまだ多くはないが、中学生の場合は「iPad をみているふりをして別のことをしている(多くはインターネットで別のサイトをみている)生徒」

が出てきてしまった。授業中に別のことをするのは、iPad を使用していなくても起こりうることだが、iPad をみていると授業を聞いているのか、聞いていないのかわかりにくく、最初は恥ずかしながら騙されていた。幸い授業で板書をすることがほぼなくなったため、机間巡視しやすくなり、そういう生徒をみつけやすくなったが、これについても何か対策を講じなければならないと考えている。日本全体の学校現場におけるICT 環境が充実していくなかで、おそらくこれらの問題は解決されていくと思われるが、今はこのような状況である。

　つぎに授業内容に関することでいえば、ICT 機器を活用することで授業が進めやすくなっているし、双方向授業というものがやりやすくはなっている。今回筆者のロイロ活用法を少し紹介したが、それを読むと筆者は毎時間そのような授業ができていると思われるかもしれない。しかし実状は、毎時間は使いこなせておらず、どうすればうまく使えるのかという筆者の試行錯誤のために授業展開を考えているようなものであり、内容はまだまだ発展途上で満足いくものができていない。

　また、ICT を活用することで、今までとは別の作業が増え、授業スライド用の資料探しや（今までより詳しい資料を探すようになった）、授業スライドづくりなどをしていると、その作業に多くの時間を費やしてしまい、気がつけば講義型の授業形態になってしまっていることもある。筆者のつぎの段階としては、ICT を活用して生徒の思考力を伸ばすような授業を本格的に実践していかなければならないのだと思う。幸い、勤務校では若手を中心にICT を活用した授業実践をおこなっている教師が多く、職員室内で授業実践についての意見交換を時折しているが、まだまだ多くのアイデアが必要だと感じている。至極あたり前のことだが、教師はつねに学びつづけなければいけないということを、今回ICT を活用した授業実践を振り返るにあたり、改めて強く感じさせられた。

　最後に、6 年間の授業実践を振り返ったが、自身の感想は「恥ずかしい」の一言につきる。ICT スキルをだれかに特別に教えてもらったわ

けでもないため、すべて自己流で工夫してきた。もっと良い方法はたくさんあるだろうが、こんな内容でも「これならできるかもしれない」と思っていただけたらありがたい限りである。

本実践の授業プリント・スライド等のデータ（一部）は、こちらから確認できます。
https://ywl.jp/c/DPa

コラム4 　脱黒板

　これまで教師は、教室の前方に設置された黒板に板書して授業をおこなってきた。しかし、学校現場の ICT 化が進んだことで、黒板と板書が必須という状況ではなくなってきている。ここでは、脱黒板化の具体的な事例を述べる。

　まず、ノートパソコン、プロジェクター、スクリーン（なくても可能）、プレゼンテーション用のワイヤレスポインター（プレゼンター）、これらが脱黒板の最低限のアイテムとなる。後は PPT などで教材を作成し、スクリーンに投影するだけである。教室内にプロジェクターやスクリーンがなくても、ポータブルや黒板に直接投影できるタイプのプロジェクターもあるので、準備や片づけの手間を惜しまなければ、とりあえず板書という作業からは解放される。また、ワイヤレスポインターを使うことで、教室内のどこからでも PPT のスライドを進め、黒板の前から離れて生徒との距離を縮めることができる。

　つぎの段階は、ノートパソコンからタブレット端末への置き換えである。最近のノートパソコンは軽くはなっているが、タブレットと比べると重いので、教室内のどこか（多くはプロジェクターにつなげやすい場所）に固定することになる。PPT を動かすだけなら問題はないが、PPT 以外の作業をする際、いちいちパソコンのある場所まで移動しなければならない。これを解消するのがタブレットである。図に示すと以下のようになる。

　タブレットとプロジェクターをつなぐには、有線と無線の2つの方法があるが、有線では意味がないので無線の方法を紹介する。今では、家

庭でもスマートフォンの画面をテレビに簡単にミラーリングできるが、それと同じことをするだけである。タブレットが Android であれば Miracast 対応製品、iPad であれば Apple TV が必要となる。これらをプロジェクターに接続すれば、すぐに利用できる。新しいプロジェクターであれば、Miracast レシーバを内蔵したものもあり、タブレットと直接つなぐこともできる。

　タブレットは持ち運びが便利である。教室内のパソコンを起動する必要もなくなる。また、教師が画面に書き込んだ内容をスクリーンに投影できる。ただし、場所によっては通信が途切れたり、動画の視聴もデータ量が多いとうまくいかないこともあるので、注意が必要である。

　なお、教室にパソコンが常設されている場合、「Zoom」「Microsoft Teams」「Google Meet」などのビデオ会議用ツールの画面共有機能を使えば、スクリーンに投影するだけでなく、生徒の個人端末に直接表示することも可能となる。

　学校によって設備はさまざまであり、対応する機器も多種多様で、技術も日々進歩している。こうした状況下でやるべきことは、現状のアイテムで何ができるかを試すことである。そのためには、つねに新しい情報を手に入れ、アンテナを広げておくことが大切である。

（山岡　晃）

動画教材を活用した反転授業と
自習時間での取組み

深田富佐夫

勤務校の ICT 環境

　筆者の勤務校は、千葉県の都市部と農村部の境目に位置する成田市にある。1898年に創設された旧制中学校とその後にできた高等女学校を前身とし、現在は付属中学校と付属小学校を併設している。本校では、2017年度から ICT 教育の充実をはかるために「ICT 教育準備委員会」が発足し、年度当初に全職員にノートパソコン（HP ProBook、メモリ 8 G）と iPad が配布された。 8 月になると校内 Wi-Fi 環境が整備されるとともに、 5 つの特別教室に試験的に電子黒板の機能をもつ、短焦点型プロジェクターが設置された。

　さらに翌年になると、付属中学校 3 年生と高校 1 年生全員に、学校仕様に設定された iPad を購入・所持させた。高校ではその後の新入生に iPad を購入させ、 3 年かけて全生徒に所持させるようにした。ただし、中学 1 ・ 2 年生はゲーム依存等の成長段階の問題から、その対象外とした。生徒が所持する iPad は、購入段階でインターネットについて閲覧規制がかけられ、アプリケーションを自由に入手できないように設定されていて、高校卒業時にこれらのフィルターを解除して本人に返すという方法をとっている。

　生徒全員が Google アカウントをもつことで、教師が「Google Classroom」でグループを作成し、生徒と双方向での情報のやり取りが可能となったほか、「Google ドライブ」でデータを共有化して、離れたところでも共同で作業することが可能となった。また、「Classi」のような

学校生活支援コンテンツをはじめ、「スタディサプリ」のような自学自習のためのコンテンツ・アプリを取り入れている。

　勤務校ではスマートフォンなどの携帯電話は朝に学級担任が回収し、終礼時に返却することで、校内での使用を徹底的に規制している。学校生活で生徒個人が自由にインターネットにアクセスすることに否定的な考えを教師の多くがもっていたなか、このような環境を整えたことは学校としても大きな変化であった。さらに、2018年度にはプロジェクターが全教室に設置され、ICT の環境が十分に整ったため、あとは授業の進め方について教師の工夫が求められることとなった。

　そして、公立中学校でもタブレットが普及するようになったため、2021年度には中学１・２年生にも iPad をもたせた。本校では中学２年生で歴史の授業を実施するため、担当するすべての授業で、ICT を活用した授業を展開することとなった。そこで、本稿ではプロジェクターとタブレットを、授業のなかでいかに活用してきたか、ということを述べていく。

はじめに──どのような授業をしてきたか──

　筆者の勤務校の近くには、国立歴史民俗博物館(以下歴博)がある。歴博のホームページには WEB ギャラリーがあり、ここで『洛中洛外図屏風』や『江戸図屏風』が公開されている。今から20年ほど前に、学校のコンピュータ教室でこれらの屏風を教材にした授業をおこなったのが筆者にとって ICT 教育との出会いである。屏風を自由に鑑賞させて、気になるものを探させるという授業で、最初は生徒たちも真面目に取り組んでいたが、まだインターネットが家庭で好きにみられるような時代ではなかったため、目を離した隙にしだいに思い思いのホームページを検索するようになってしまい、収拾がつかなくなったことから、いつのまにかこの取組みから遠のいていった。

　その後、他教科で使用されていた持ち運びのできるプロジェクターを

使用して、画像資料をみせるような授業を実践してみたが、準備の苦労のわりに生徒の食いつきが悪く、この取組みもいつのまにか自然消滅していた。

　流れが変わってきたのは、授業にアクティブ・ラーニング（以下 AL）を取り入れることの必要性が叫ばれるようになり始めた頃であった。そのときはプロジェクターを使用せず、歴博で撮影した江戸時代や明治時代の双六をコピーして配布し、グループごとに遊ばせてその感想を発表させるなど、通常の講義型の授業に加えて、学期に１回程度の AL の授業実践を試していた。また、通常の授業では、スライド上に何を載せると良いのか実感を得るために KP 法を試したり、重要事項をあらかじめまとめて記入した小さなホワイトボードを用意したりした。そのために、筆者自身が ICT を取り入れる授業に後ろ向きな教師と思われてしまうほどであったが、どのような教材が ICT に適して、何が適していないか試すことが目的であった。

　さらに大きな転機となったのが、新型コロナウイルス感染症の拡大が始まった2020年春、学校が４月から２か月の休校に追い込まれたことであった。４月中旬に突然、５月からは休校ではなく生徒は自宅学習とし、オンラインによる授業をおこなうことが決まった。わずか２週間ほどのあいだに、オンライン授業の準備をすることとなり、ビデオ会議用ツールの「Google Meet」や、YouTube による動画配信、Google Classroom を活用した課題配信などの方法を学ぶ研修会が自主的に開かれて、全職員で準備を進めた。あらかじめ撮影された動画を配信する教師も多くいたが、筆者の場合はカメラによる撮影がどうにも苦手で、オンラインによる生徒との双方向の授業をおこなった。画面の向こうで生徒がどういう姿勢で授業に臨んでいるか、想像しただけで心が騒ぐところだが、そこは指名して発言させることで授業につなぎとめるような努力を続けていくしかないであろう。

1　授業に ICT をどのように取り入れていくべきか

　2018年11月20日に、勤務校で「第30回千葉県私学教育研修集会中学校研修会」が開催されたが、その際の講演で東京学芸大学の川﨑誠司教授からつぎのようなお話をいただいた。

　　　私は、授業では ICT の活用は禁欲的であるべきだと考えている。授業づくりにおいては、ICT ありきにならず、子どもの学びのプロセスをどう用意するかということを第一にして、教科学習の筋を崩すべきではない。したがって、紙を無理に ICT に置き換える必要はない。学習の場面から紙が無くなることはないであろう。これからの課題としてアナログとデジタルのすみ分けを考える必要性がある。(中略)スクリーンで示すのが良いもの、黒板に書くのが良いもの、タブレットで表示するのが良いもの、教科書を使うのが良いもの、タブレットに入力させるのが良いもの、ノートに書かせるのが良いもの、ワークシートを使うのが良いもの、というふうに使い分けるべきであろう。

　つまり、ICT を活用することを優先するあまり、肝心の子どもの学びのプロセスがおろそかになってしまってはもともこもない、ということである。川﨑氏は愛媛県西条市の「小中学校 ICT 教育推進事業」に長く携われて、ICT 教育について大変詳しい方である。そのような方から「ICT の活用は禁欲的であるべきだ」と指摘されたことは重いもので、筆者にとってその後の授業づくりの大方針となっている。子どもの学びのプロセスに応じて、どのような教材を用意するかについては日々頭を悩ませているところで、つくった授業プランをつぎの年には大きく変更するということが、ここ２、３年ほど続いている。

　スライドで映すのは基本的に写真、風刺画、文字資料、グラフ、表といったところであろうが、それらの資料はどのように使用すれば、効果的に生徒の記憶と理解を促すことになるのだろうか。筆者としては、教材として使用する資料について、生徒たちにとって何か引っかかりのあ

るものが良いと感じている。授業で使用する資料を選ぶ際には、できるだけ生徒たちが日常的に使用していない文字が落とし込んであるものを使用するようにしている。「ここに何が書いてあるだろうか」という問いかけをして、生徒たちに想像させてみるのである。さらに、外国の文字が書いてある教科書などの資料を、iPadで撮影して翻訳機能を使えば、必ずしも正確な訳ではないが、ある程度の意味が理解できる。

　これらの画像を使用するときに気をつけなければならないのは、著作権である。インターネット上には、授業者のイメージにあった画像があふれているため、つい安易に使用したくなるが、それらは違法に二次使用されているケースも多い。このような画像を使用するのはプロジェクターによる投影のみで、生徒たちにデータを配信しないように心がけている。その画像が生徒たちによって教室外で使用されるようなことがあれば、著作権を侵害することになるからだ。

　したがって、博物館や図書館をはじめとする、公開されているアーカイブ資料を使用規定を守りながら利用することはもちろん、これらの所蔵資料を直接撮影させてもらうなど、授業者自身の努力が欠かせなくなる。最近はFacebookなどのグループや高大連携歴史教育研究会の会員向けの教材共有サイトなどで資料や授業プリントが公開されている場合もあるので、このようなつながりを求めて積極的に活動していくことが必要であろう。山川出版社から、日本史・世界史ともに「デジタル素材集」や「デジタル歴史地図」が出ている。山川出版社の教科書掲載の図版に限られるが、生徒の手元にある教科書の図版と比べながら確認させると、生徒の納得する様子をみながら説明することができる。

　また、タブレットが生徒たちに行き渡っているような環境であれば、授業中に生徒たちが、ふとした疑問や自身の興味・関心を起点にして積極的に調べることが可能となる。その場合、授業にグループワークを取り入れ、生徒たちが調べたり考えたりしたことを共有化すれば、他者の意見を知り、共感してより深く理解することが可能となる。その際に授業者が気をつけなければならないことは、生徒たちが何を調べ、何を根

拠にその考えにいたったのか、つねに留意することである。情報はその発信元に近ければ近いほど価値あるもので、いろいろな人々の手によって加工されたわかりやすい情報ほどその客観性は低下する。学校のICT 環境の整備と並行して、図書館の書籍を充実させ、調べたことは最後に書籍で確認することを、生徒に指導していくべきであろう。

いずれにしても、われわれ授業者は、「今までどおり」という考えを捨てて、これまでにない発想で授業を計画していくことが求められている。このことに正解はなく、試行錯誤しながら生徒たちが歴史を好きになるような教材をつくりつづけていくことが大切である。そのためには、校内だけでなく、近隣校など学校の枠を超えて、教師が日常的に授業実践を共有し、意見交換をおこなう場の必要性がますます高まっていると感じている。

2　スタディサプリを活用した反転授業

以上のことを受けて、筆者はどのような授業をしていったら良いのか、まずは日常的な授業のルーティーンを確立するべきだと考えた。通常の授業では、反転授業の方法を取り入れている。

勤務校では、スタディサプリを生徒全員が視聴できるようになっている。1つのチャプターが大体20〜30分程度で、生徒の予習にかかる負担がそれほど重くないため、Google Classroom で事前に視聴するところを指示し、授業の導入ではその復習をかねた振り返りシート（→ p.86）から始めている。

この振り返りシートは、授業で取り扱う内容について理解の手がかりになるような用語を選び、15問程度にまとめたプリントである。生徒の学力に合わせて、解答する時間は10〜15分程度にしている。教科書をみれば答えられる設問にしているのは、事前に動画視聴をしないような意欲の低い生徒でも、たった1問で良いので、自分で教科書の記述から正解をみつけ出す経験を味わってもらいたいという考えからである。その

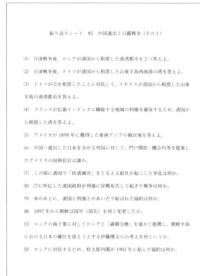

(1)　日清戦争後、ロシアが清国から租借した港湾都市を2つ答えよ。

(2)　日清戦争後、ドイツが清国から租借した山東半島西南部の湾を答えよ。

(3)　ドイツが(2)を租借したことに対抗して、イギリスが清国から租借した山東半島の港湾都市を答えよ。

(4)　フランスが仏領インドシナに隣接する地域の利権を確保するため、清国から租借した湾を答えよ。

(5)　アメリカが1898年に獲得した東南アジアの植民地を答えよ。

(6)　中国へ進出した日本を含める列強に対して、門戸開放・機会均等を提案したアメリカの国務長官は誰か。

(7)　この頃に清国で「扶清滅洋」をとなえる結社が起こした争乱は何か。

(8)　(7)に呼応した清国政府が列強に宣戦布告して起きた戦争が何か。

(9)　(8)のあとに、清国と列強とのあいだで結ばれた協約が何か。

(10)　1897年から朝鮮は国号（国名）を何と変更したか。

(11)　ロシアの南下策に対してロシアと「満韓交換」を進めて提携し、朝鮮半島における日本の優位を保とうとする伊藤博文らの考えを何というか。

(12)　ロシアに対抗するため、桂太郎内閣が1902年に結んだ協約は何か。

Q1　列強による中国進出はどのようにおこなわれたのだろう。

Q2　イギリスが日本と同盟関係を結んだのは、どのような事情があったのだろう。

視聴した動画の振り返りシート　　　　**まとめの問い**

ような経験が積み重なれば、最初は意欲の低い生徒でも、振り返りシートに取り組むようになっている場合がこれまでも多くみられた。

　振り返りシートを仕上げた後は、生徒に答えを板書させて授業への参加意識を高めさせている。このようなときに、生徒が間違った答えを書くと、生徒がつまずきやすいところを授業者に気づかせてくれる。授業では素直にそのことに感心し、「そこはみんなが勘違いしやすいところだから、この間違いはありがたいです」といって、生徒が前に出て書くことを嫌にならないように心がけている。

　そして、つぎにスライドを使って理解を深める時間となる。スライドは振り返りシートの解説をするためのもので、答えとなる用語に関するものの画像のほか、できるだけ教科書にはない資料を投影して、その読解や読み取りのポイントを解説するようにしている。つぎのページのスライドはその例で、日英同盟の内容を整理してこれが本当に「同盟」といえるのか生徒に問い、続いてこれに関連する資料としてドイツ大使の

情勢分析を示した。これを読むと、日露開戦を目前にして日英同盟が空文化する可能性があったこと、そうならないためのカギを握っているのがアメリカだったことがわかる。このことから、1902年の日英間の協約は「同盟」というにはあまりにも弱々しいもので、「日英同盟」という歴史用語には日本側の過剰な期待感が反映されているということに気づかせたい。

スライドで使用しているのは一般的な PowerPoint ではなく「Google スライド」である。Google のアプリは Microsoft と同様のラインナップで、Word にあたるのがドキュメント、Excel にあたるのがスプレッドシートという具合にそろっている。当初は使い慣れた Microsoft 関係を使用していたが、最近は Google 関係のものばかりを使用している。使い勝手については違和感があるが、作業を共有化できることが魅力的で、生徒たちと双方向のやり取りをおこなうことで、教室を飛び出した教育活動が可能となる。また、操作面でも同一の画面上でほかの Google アプリとの切替えが容易で、あらかじめ用意した教材を、ストレスなく切り替えることができる。工夫次第でこれまでの教育のかたちを大きく変える可能性を秘めているといえる。

振り返りシートの裏側には授業のまとめとして問いを設定し

1902年の日英同盟協約は本当に「同盟」といえるのか？

日英同盟の要点

(1) 清国・韓国の独立と領土の保全を相互に承認
(2) 清国での両国利益を承認
(3) 韓国での日本の政治・商業・工業上の利益を承認
(4) 同盟国の一方が他国と交戦した場合、他の同盟国は厳正中立を守る
(5) 第三国が参戦した場合は同盟国も参戦する

ロンドン駐在ドイツ大使からビューロ独首相宛書簡
（1903年10月12日）

現在の所イギリスが戦争に関わる気分にあるとはさらさら考えられない。どこもかしこもトランスヴァール戦争の重荷いし財政的負担に意識的意思で、軍何外部は信用を失ってしまい。順壊に瀕した同然の内閣は全く信頼されていない。情勢を当地（ロンドン）から見ているかぎり、仮に日本がロシアと戦争しようとするならば、日本にとっては確実に最後のチャンスが到来していると言えよう。東京には、イギリスはもはや頼りにすべき好国とみなすことはできないという情報は入っているように思われる。……日本がどれほど英仏交渉の舞台裏を覗けたかを推し量ることは難しい。いずれにしても林〔董〕男爵〔駐英公使〕は日英同盟締結以来当地での流れに支配的な転換が生じていることに何等の幻想も抱いていないように思われる。……従って、日本政府が当地の情勢をよくよく考慮すれば、日本が本当にロシアと戦争するつもりであるなら即時開戦に向かわなければならない。東アジアにおけるロシアの立場が日々を増加することはそれとしても、開戦が遅れれば遅れるほど日英同盟は全くの幻想に過ぎなくなろう。イギリス政府の具体化にも関わらず。もし、アメリカ合衆国が何らかの形で日本を支持することになれば、動機が全く矛盾することはイギリス政府は精力的な対応をすることになろう。当地のアメリカのジャーナリストたちは合衆国の世論はきわだって日本の味方をしていると思っている。……

授業スライド（一部抜粋）　なお、スライド掲載の資料は、歴史学研究会編『世界史史料12　21世紀の世界へ』より引用。

ている。これは、生徒に普段から言語表現に取り組ませることで、論述問題への苦手意識を払しょくするとともに、生徒にとっていちばん身近で基本的なテキストである教科書の文章を読み込ませて、そこからあるテーマについてまとめられるようにしたものである。教科書の文章は、前の時代に書かれていることは省略し、後の時代の記述にまわせることはここで述べない、という原則があるように感じている。前の時代と後の時代とを比較しながら、対象となっている時代を考察させることを普段からおこなって、教科書の記述を時代を超えて頻繁に行き来するようなことをすべきであろう。そのような意図から、その日の授業の内容を最後にまとめるようなことをしている。解答例を作成するときは、生徒たちが教科書を自分で読み込んで書けるようにするために、教科書の記述だけで作成するように配慮している。

　ここまでのルーティーンを確立したことで、生徒が定期考査で高い点数をとるようになったことを実感している。授業アンケートの結果も良好で、少なくとも従来の知識を問うようなテスト形式について、対応力が確実に身についている。ただ、それが歴史的思考力といえるのかと問われると、まだ足りない点があると感じている。

3　ルイス＝フロイスがみた織田信長・高山右近・明智光秀

　そこで、Google Classroom を活用しながら資料を批判的に読む力を育成する実践として、ルイス＝フロイスの『日本史』に出てくる織田信長・高山右近・明智光秀についての記述を授業で取り上げてみた。この授業実践では、主観と客観について理解させること、歴史を理解するためには客観的に物事をみることが大切であると実感させることを目標とした。対象クラスは高校2年生で、授業選択者は9人である。まず、資料を Google Classroom で生徒たちに配信し、授業の始まりに各自のiPad で読むように指示した。

　つぎに、これらの資料に目を通して何を感じたのか生徒に聞いてみた

発問に対する生徒の答え

が、それについてはICTをあえて使わず、黒板にまとめてみた（**写真**）。まずは3人についての記述から率直に感じたことを聞き出し、左の縦列にまとめた。ここでは生徒たちの先入観が入っている可能性があるが、生徒が授業に積極的に参加することを重視した。そこでつぎに、これを書いたルイス＝フロイスはそれぞれの人物についてどう感じているか、本人になったつもりで読み取ってみることを促した。それをまとめたのがなかほどの縦列である。さらに、もう少し具体的な表現がほしかったので、重ねて聞いてみたところ、出てきたのが右側の縦列である。

　　・織田信長については、「武略の面では評価している」「性格については良く思っていない」

　　・高山右近については、「良く思っている」「期待している」「活発で信頼されている」

　　・明智光秀については、「良く思っていない」「ずるがしこい性格と思っている」

という意見が出そろった。大体想定していた反応であった。

つぎに、この3人に対するルイス゠フロイスの人物評価は何を基準にしたものかと生徒たちに問うた。しかし、質問が少し難しかったようなので、「君たちが友だちになるときってどんなときですか」と問い直した。すると「気が合う」「趣味が同じ」などの意見が出てきたので、筆者より「それが価値観が合うということです。宣教師であるルイス゠フロイスの価値基準は何ですか」と問い、「キリスト教を信じているかどうか」という答えが出てきた。

　そこでキリシタン大名である高山右近についてルイス゠フロイスが高評価であることにふれ、信長と光秀はどうだろうかと問うた。少し難しいようだったが、信長は布教を許可していたので、ある程度評価していたが、神を本気で信じている感じがないので、右近ほど評価は高くないという意見に集約された。

　光秀については難問なので、筆者のほうからつぎのように説明した。「キリスト教では、この世は神によってつくられたもので、最後の審判でだれが天国へ行き、地獄へ行くのか、すべて神の計画で決まっていると考えます。だからキリスト教を信じる者は当然善人だと宣教師は考えるでしょう。ところがそれを信じようとしない者はどうでしょう。さらに、悲惨な死に方をした人はどうでしょう。神に救われないような人間は、どうしようもない人間だと宣教師なら考えるかもしれません。すると、ルイス゠フロイスにとって明智光秀は悪いことしか思いつかないのではないでしょうか。そこで、この文章のなかから光秀について評価しているところはないか探してみよう」。すると「忍耐力に富み、計略と策謀の達人」「優れた建築手腕のもち主」「戦いに熟練の士を使いこなした」などの言葉が出てきた。

　そこで最後に「悪く描かれている文章であれば、そこに描かれている人物像をそのまま鵜呑みにするのではなく、その人物の良い面を探してみることが大事です。このような資料を読むときには、筆者の気持ちに立ってみて、その人が感じた先入観のようなものを取り除いてみると、そこに描かれた実像が確かなものになってきます。それが批判的に読む

ということです」といって授業を終えた。

この授業を終えてから、「Google フォーム」でアンケートをとった。「今日の授業で取り上げた資料を読むのに、注意するべきことは何でしょうか」という問いに対して「ルイス＝フロイス１人の視点で書かれていること」「キリスト教徒のルイスの視点から語った資料であることに気をつけること」「作者がキリシタンなのでキリシタンについて特別良く書いているということ」「自分のもっていたイメージに囚われないことだと思います」という反応があった。目標としていたことについてはおおむね達成できたと感じている。「今日の授業について理解できたか」という問いに対して、全員が「よく理解できた」という感想であった。

4　自習時間での ICT の活用

ICT の活用が授業以外で意外にも威力を発揮したのが、自習時間の課題配信と成果物の回収である。これまでの自習といえば、授業者があらかじめ作成した課題プリントを自習時に取り組ませ、提出させてチェックするというのがパターンであった。ただ、これでは生徒のやる気に結びつかないので、ここからテストに出すということをあらかじめ生徒に伝えるなどしていたことも多くあった。するとテストに出ることにしか生徒は興味をもたなくなるため、そのようなプリントだけをほしがるようになり、そこで扱われている以外のことを問題で問うと、マニアックな問題を出す先生という烙印を生徒たちから押されてしまうという経験があるのは筆者だけではないと思う。

起こったできごと、例えば教科書本文の太字の周辺にある記述をもとにして、その歴史的意義を考えることが本当はおもしろいのであって、それが生徒の歴史的思考力につながるはずである。では、このような自習のあり方にはどのような問題があるのだろうか。それは、そのプリントに取り組む以上に深まりがない、つまり探究するおもしろさがないからではないだろうか。このような自習時間が、ICT の活用で大きく変

化した。

　具体的には、Google Classroom で課題配信をして取り組ませ、回答を提出させてコメントをつけて返す、という一連の流れがすべてウェブ上で可能となった。筆者が実践したものとしては、高校３年生を対象に「NHK 戦争証言アーカイブス」から沖縄戦に関する証言を２つ以上視聴させ、その感想を書かせたものがある。

　NHK 戦争証言アーカイブスにはさまざまなコンテンツが用意されているが、そのなかでも沖縄戦について視聴させるようにしている。その理由としては、例年６月下旬に出張で自習になる日があるため、23日の慰霊の日を生徒たちに意識させたいということがある。ただそれ以上に、私自身に沖縄の悲劇は他人事ではないという思いがあるからだ。

　もしも、ポツダム宣言の受諾をすることなく、戦争を継続していた場合、相模湾と九十九里浜から連合軍が上陸する作戦が実施されていた可能性があった。それに対して千葉県内でも防備体制が整えられていて、勤務校の前身である成田中学校の生徒が、近くの八街飛行場の建設のために動員されたほか、校舎が陸軍に接収されて兵舎となった。連合軍による関東地方への上陸作戦が実行された場合、沖縄戦と同様に男女生徒までが戦闘に駆り出されたことであろう。

　よく歴史に「もし」は禁物だといわれるが、それは研究者による歴史叙述での話であって、歴史教育においては「もし」に対して思いを馳せ、どのような可能性があったのかを想像させることも大切だと筆者は考えている。実際に起きてはいないが、選択の違いによって起きたかもしれないことを考えてみることは、生徒の思考力を鍛えることになるのではないか。歴史教育の現場では、その点は自由であって良いだろう。自習の指示をする際に、そのような意図を生徒たちに伝えて、沖縄戦について関心をもつきっかけにしたいと考えていた。設問についてはつぎの通りである。

　NHK 戦争証言アーカイブスの沖縄戦の戦地マップからいずれかの村をタップし、そのなかの動画を２つ視聴してください。

NHK 戦争証言アーカイブス

▶**設問1** あなたはなぜその動画を選びましたか。

▶**設問2** その動画をみてどのようなことを感じましたか。

　設問1は視聴する動機を文章にすることで、課題に取り組む意識を高めることを狙った。おもな回答としては以下のものがある。

- ・名護市に旅行で行ったことがあり、自分が訪れたことのある場所で過去にどのような悲劇が起きたのか知りたいと思ったから。
- ・石垣島に行ったことがあり、あのきれいな石垣島に沖縄戦で何があったか気になったから。
- ・沖縄戦について、名前やすごく悲惨だったというのは何となく知ってはいたが、実際どうだったのかを知らなかったので、この機会に少しでもふれようと思ったからです。
- ・名護市は基地のニュースなどで聞き覚えがあったから。
- ・もともと女学生が動員されていたことは知っていましたが、実際の様子やどんな風に働いていたかを知らなかったので。

　選ぶ動機としては、旅行などで行ったことがあるか、過去に見聞きしたニュースや読書経験などが大きいことがわかる。つぎに、設問2の回答をいくつか載せておく。

・今の私たちには想像もできないくらい辛い経験をされて、生き残れたことに罪悪感を感じるなんてありえない世界だなって思いました。

・私たちと同世代の人たちが、戦争を経験し、友や家族を失い、自分が今平和に過ごせていることはあたり前のことではないんだと痛感させられました。戦争は二度と起きてはいけないものだということも感じました。

・人の口から出る言葉はリアリティがあって身をもって体験しているということが伝わってきました。人から人へ言葉だけで伝えると薄れてしまうものがあると思うのでこのようなツールがあるのは便利だと思う。

・当時の緊迫した状況や、国民の思いを感じました。戦争を何のためにしているのか、なぜ日本兵は泣いてはダメなのか、いろいろな疑問をもちながらも勝利を信じて戦況を見守るしかできないことは、どんなに悔しかっただろうと思いました。

・ありふれた表現ではあるが、戦争は二度と起こってほしくないと思った。自分くらいの歳の人もたくさん亡くなって、または自分の目の前で亡くなっていく光景はみたくないと思った。将来、自分より若い人たちも同じように戦争は起こしてはいけないと考えてもらいたい、そして、目の前で人が亡くなる光景はみせたくないと思った。

・もともと戦争の動画に興味があって、YouTube とかでもみてたりしていたんですけど、毎回見終わった後、その人の気持ちとか考えるけど、今の自分だったら怖いって気持ちしかないけど、その当時の人は、怖いとかより、日本のために、が強いのかなって思いました。

　以上の回答から、生徒たちは未知の体験を自分のなかにしっかりと取り込んでいるといえるだろう。とくに最後の生徒については、このときに生きていた人の立場に立って考えようとしていることがみてとれる。

94

このように、ICT の活用によって、自習時間においても生徒に過去のできごとを知るきっかけを与えることができる。その点で、対面の授業でしかできなかった生徒自身の学習活動が、自習時間においても十分におこなえる可能性がみえてきたといえる。筆者としては、これを足がかりにして、生徒たちが沖縄戦のそのほかの動画を、さらには沖縄戦以外の証言の動画を自分で探して視聴するような姿勢を身につけてくれたならば、と思っている。

おわりに

先に紹介した川﨑氏の講演では、愛媛県立松山東高等学校の授業風景を例として、事前に用意しておけるものや本時の学習課題で何度も使うものは電子黒板で、生もの（授業中の生徒の考えや意見）は従来の黒板で、という風に使い分けていたことが紹介された。そして「教師側の期待する意見が出たら、あらかじめ用意してあったスライドを電子黒板に表示する、などということがないようにして、せっかくの子どもの意見が、先生の意見にすり替わらないようにするべきだ」と述べられていた。

筆者自身、AL といいながら、先に手をまわしすぎて予定調和的な結論に生徒を導くということが、これまで多かったような気がする。今でも、解説型の授業からどうしても抜けきれなくて、説明がつい長くなってしまう。

一方で、生徒自身もまだ解説してもらったほうが良いという意見が根強いが、それは「理解する」ことと「安心する」ことを混同しているのではないだろうか。私たちは生徒とともに、どこかで「わかったつもり」になること、させることをひたすら繰り返す授業になっていなかっただろうか。生徒のなかであえて不完全燃焼を起こさせながら、「なぜ」「どうして」という問いが再生産され続けるような授業を私たちはめざすべきではないだろうか。限られた授業時間のなかで、あれもこれもやろうとすると、かえって生徒には何も残らないということになりかね

い。

　授業に適したICT機器やアプリは、まだまだたくさんあって、試していないものも多い。まずは自分なりのルーティーンを授業のなかで確立してみることだろう。大事なことは、はじめて出会ったアプリが、自分の理想とする授業に活用できるようであれば、失敗を恐れず取り入れてみることだ。あくまでも主役は生徒であり、その生徒の歴史的思考力をどう伸ばしていくかという一点に絞ってICTを活用すれば、そのパターンは無数にあり、自分にしかできない授業が可能になるだろう。

【参考文献・HP】

ルイス＝フロイス著／松田毅一・川崎桃太訳『日本史』（中央公論社、2000年）

歴史学研究会編『世界史史料12　21世紀の世界へ　日本と世界　16世紀以後』（岩波書店、2013年）

NHK戦争証言アーカイブス「沖縄戦」（https://www2.nhk.or.jp/archives/articles/?id=C0060023、最終閲覧日：2023年3月22日）

本実践の授業プリント・スライド等のデータ（一部）は、こちらから確認できます。
https://ywl.jp/c/Rgz

コラム5　教育プラットフォーム×令和の日本型学校教育

　中央教育審議会答申では「令和の日本型学校教育」の姿を「全ての子供たちの可能性を引き出す、個別最適な学びと、協働的な学びの実現」とした(注)。その学習の基盤となるのがICTであり、とくに教育プラットフォームを活用することで「個別最適な学び」と「協働的な学び」の一体的な充実をはかることができる。

　教育プラットフォームは、学習支援プラットフォーム、教育クラウドプラットフォームなど多様な呼称がある。微妙な用例の違いはあるが、IT技術(とくにクラウドサービス)を活用して多様な面から教育を支えるツールである点は共通する。教育プラットフォームの活用を進めることで、教師と生徒や、生徒同士の対話を促したり、学習履歴(スタディ・ログ)を作成したり、学習動画を視聴したり、評価活動をしたり、日々の授業のさまざまな場面において活用することができる。以下では、これまでに筆者が活用してきた「Classi」と「スタディサプリ」の活用例を示す。

　Classi株式会社が提供するClassiは学校のICT化を多目的にサポートする機能が充実し、授業ではポートフォリオやWebテストを中心に活用した。

① 学習履歴の蓄積

　学習記録は、生徒が日々の自宅での学習時間や内容を記入できる機能である。学習時間とコメントを記入することができるため、生徒が授業でわからなかったことや、自習によって生まれた疑問を記入し、それに対して教師が回答することもできる。ポートフォリオでは、生徒が授業の振り返りを蓄積することで、教師は生徒が授業内容をどの程度理解していたかを把握し、指導の改善をはかることができる(形成的評価)。筆

者は、授業で扱った問いへの回答を記入させている。一覧で生徒の回答の分析ができる点が優れている。また、生徒の振り返りに対して教師がコメントすることで指導の個別化ができる。

② 生徒の対話を促す相互評価

ポートフォリオでは、生徒もほかの生徒の記述に対してコメントでき、生徒による相互評価をすることもできる。教育プラットフォーム上で生徒同士が対話する機会を設けることができる。

③ Web テストの実施

生徒の学びの実態に応じた Web テストを作成することができる。テストは、既存のテンプレートから問題を作成するか、問題を自作するかを選択できる。自動採点・集計も可能であるため、教師の業務作業の軽減につながる。

　　株式会社リクルートが提供するスタディサプリは小学講座から大学受験講座まで、また英検や TOEIC 対策講座などが展開されている。その魅力は学習コンテンツが充実していることである。講座数も多く、コンパクトでわかりやすい講義動画を視聴することができる。

① 授業の予習として

筆者は、授業の予習として講義動画を生徒に視聴させている。生徒は内容をインプットしたうえで授業に臨むため、より探究的な学習課題に取り組むことができる。また、ほかの生徒と話し合いをしたり、資料を読解したりするなど、生徒が協働的な学びをする時間を確保することができる。このような学習形態を反転授業という。

② 授業の復習として

授業後に学習内容について疑問が浮かんだり、納得ができなかったりした場合には、学習動画に立ち返り、生徒自ら必要な動画を選択して視聴することができる。苦手科目・単元を克服するために視聴する生徒や、得意科目をより得意にするために難易度をあげて学習する生徒もおり、生徒自身が学習を最適化することができる。

このほかにも多様な教育プラットフォームが存在し、それぞれに特徴や強みがある。自治体や学校で採用している教育プラットフォームの特徴を生かして日々の教育に取り入れたい。活用にあたり念頭においておきたいのは、教育プラットフォームでまったく新しいことをするのではないということだ。これまでの実践のなかで、「もっと効率化できることは？」「学習効果を高めるためには？」「多くの生徒の意見を拾うためには？」といったように教師の「こうありたい」という願望をICTを活用して実現させるのである。従来の実践とICTを最適に組み合わせて有効に活用することが大切だ。そして教育プラットフォームの特性を生かした「個別最適な学び」と「協働的な学び」の一体化の充実をめざし、生徒の資質・能力の向上をはかりたい。

注　中央教育審議会「『令和の日本型学校教育』の構築を目指して～全ての子供たちの可能性を引き出す、個別最適な学びと、協働的な学びの実現～（答申）」（令和3年4月22日）

（佐藤　克彦）

ペーパーレスとチョークレスの
授業をめざして

山岡　晃

勤務校の ICT 環境

　勤務校は兵庫県にある私立の男子校で、いわゆる大学付属校だが、系列大学進学者は学年の半分程度である。ICT を扱う部署(ICT 教育部)があり、教師以外に ICT を専門に扱う職員が 4 人常駐している。

2012年	普通教室に DVD プレーヤー、ノートパソコン、プロジェクター、昇降式の投影スクリーン(120インチ)、有線のインターネットを整備
2017年	全学年で Classi を導入
2019年	中 1 ・高 1 ・高 2 で iPad を導入
	校内の Wi-Fi 化完了
2020年	全学年で iPad を導入
	4 月初旬から高 3 で Zoom によるオンライン授業を開始、5 月には全学年で実施。なお、校内においてスマートフォンの使用は禁止

はじめに

　私は現在、教職について25年目になる。いわゆる、ベテランといわれる年齢になっている。おもな担当科目は高校世界史である。その教員生活の大半において、教師側の一方的な一斉授業、いわゆる「チョーク&トーク」スタイルの授業をおこなってきた。勤務校が私立であり、また生徒の大半が一般入試で大学を受験することから、そのような授業で何の問題もなく過ごすことができた。最終的に大学入試で高得点をとらせ

ることが授業における最大の目的であった。3年のサイクルで同じ授業を何度となく繰り返すことで教材は洗練されていき、受験指導のテクニックも年々向上していった（と自分では思っている）。ところがこの10年ほどで、のんびりとしていられる状況が一変した。それは大きく2つの要因があり、内的なものと外的なものがあった。

まず、内的要因として勤務校が受験校から大学付属校に変わり、必ずしも大学受験で世界史を必要としない生徒に対しても授業をおこなわなければならなくなったことである。受験指導と並行するかたちで、新たな授業を構築することになった。また、外的要因としてはその頃から「主体的・対話的で深い学び」、いわゆるアクティブ・ラーニング（以下AL）という言葉が世間で広まるようになったことで、これまでの授業形式を変えざるをえなくなったのである。

ただし、ALといわれても、いきなり授業のすべてを変えることはハードルが高く、できることから少しずつ始めていった。具体的には、グループワークや資料の活用などである。まずはこちらから課題を与えてグループで話し合いをさせ、その内容を生徒の机くらいの大きさのホワイトボードに書かせ、前の黒板に貼らせた。そして、つぎの授業の最初には、その振り返りをおこなっていた。こうした活動によって、授業のなかで緩急がつくことになり、生徒は講義の時間でより集中するようになった。こうして数年前からゆるいかたちではあるが、何となくALもどきの授業を実施できるようになった。

しかし、こうして一つの壁を乗り越えようとしていたときに、今度はICTという新しい壁が迫ってきたのである。この新しい壁に対して、再び試行錯誤を繰り返すことになったのだが、幸い、現在の勤務校は比較的早い時期から校内のICT化が進んでいたため、ハード面で苦労することはなかった。また、私立であることから、トップダウンで一気に物事が進むことも多々あった。こうしたことを背景に時間をかけながらではあるが、最終的にはペーパーレスとチョークレスの授業を実現することになった。この実践事例について、段階を追って説明していきたい。

第1段階　教材のデータ化

【準備】

　まず、これまで授業で板書していた内容を PowerPoint（以下 PPT。Mac であれば Keynote）で作成し、それをスクリーンに投影することから始めた。幸い、20年以上かけて作成した教材があったので、少しアレンジを加えるだけで PPT をつくることができた。一から教材を作成するのは大変だが、これまでの教材があれば、それほど手間はかからない。Word などでデータ化していれば、それを利用することで大幅に時間を短縮することができる。

　板書内容を PPT 化する最大のメリットは、黒板に書くという作業そのものが極端に減ることであろう。高校1年生の担当であれば、一日のなかで何度も同じ授業、同じ板書をすることになるが、そういった作業から解放される。じつは、黒板に書く私の字は、お世辞にもきれいな字とはいえない。丁寧に書くことは心がけていたが、授業の多い日にはしだいに雑になる傾向があり、気をつけていても誤字を書くこともあった。だが、PPT 化していれば、準備の段階で間違わない限りは安心である。

　また、教科書や資料集にある地図や資料を確認する作業が、格段に楽になるのも PPT 化のメリットだ。それまでは、大型カラーの「世界史写真集」（山川出版社）から授業で使う分を数枚用意し、黒板に貼って掲示していたが、PPT であればスクリーンに簡単に投影できる。しかも、スクリーンの大きさギリギリまで拡大し、視覚効果を抜群にあげることが可能となる。

　ちなみに勤務校では、2022年度に「山川＆二宮 ICT ライブラリ」を採用したため、授業でデジタルコンテンツを使用できるようになり、ますます便利になった。

【授業】

　勤務校では**写真1・2**にあるように、普通教室の前方に昇降式の投影スクリーンとノートパソコンが設置されている。黒板の中央部分にスク

102

リーンがおりるようになっており、黒板の両端にスペースが残るので、片方にはマーカーで書き込みができるマグネット式の地図を貼り、もう片方は補足事項をチョークで書き込むという形式をとった。

　USBメモリに保存したPPTを教室のパソコンで使う際、スライドを遠隔操作できるワイヤレスのポインター（プレゼンター）があると便利である。座学の場合、あたり前といえばあたり前だが、教師は黒板の前にいる時間がどうしても長くなりがちである。ところが、ワイヤレスによる操作で黒板の前から離れることが可能となる。「黒板の前から離れること」は、教員生活のなかでも最大の変化の一つとなった。教室のなかで動きまわれるようになった私は、集中していない様子がみえれば、その生徒の目の前まで行って、どうしているかを確認するようになった。

　なお、PPTの授業で気をつける点は、教師はスライドを進めるだけなので、生徒のペースよりも早くなってしまうところにある。PPT化しても、生徒の教材はこれまでどおり、こちらが自作した穴埋めのものを紙で配布した。穴埋め以外に補足事項などを生徒が書き込むのには、意外と時間がかかる。これまでは自分自身が黒板に書く作業をしていたのでそれほど気にならなかったのだが、PPTになってからは、こちらが気分良く説明してつぎつぎとスライドを進めているときに「先生、ち

写真1　昇降式の投影スクリーン

写真2　ノートパソコン

ょっと待ってー」といわれて、「あー、ごめん」となることがしばしば
あった。生徒からは「先生はポチポチ押すだけで楽してるやん」といわ
れたが、まったく、そのとおりである。

　意外に面倒だったのが、映像を使う場合である。歴史上のできごとを
説明する際、映画のワンシーンをみせるのは非常に効果的である。たま
たまテレビで放映していた映画であれば、加工してスライドに組み込む
のは簡単であるが、自分のストックにない場合は DVD を利用するしか
なく、そのシーンだけを流すのに非常に手間がかかってしまう。その解
決策として使用するようになったのが、「ムービー世界史」(山川出版社)
である。必要な映像だけをキャプチャーしておけば、以前ほどの面倒は
なくなった。DVD 以外では、インターネット(各教室のパソコンは有線
で接続している)で「NHK 高校講座」を利用した。また、映像に関し
ては、山川＆二宮 ICT ライブラリが利用できるようになってからは、
非常に便利になった。

　なお、この段階では、グループワークは相変わらず、黒板に貼るホワ
イトボードを使っていた。各グループの意見を確認する際、一度スクリ
ーンをあげる必要があるので、グループワークでの話し合いは授業のい
ちばん最後にしていた(**写真 3**)。

第 2 段階　iPad の導入

【準備】

　世間で「DX(デジタルトランスフォーメーション)」が広く認知され
るようになり、2019年末から文部科学省が GIGA スクール構想を打ち
出すなど、学校現場においても ICT 化の波は大きくなりつつあった。
そうしたなかで、勤務校では、2019年度から段階的に iPad の導入が始
まり、教室の Wi-Fi も整備された。学校全体としては、2017年度から
「Classi」を導入していたが、個人端末(iPad)を導入することで ICT 化
が一挙に進んだ。その際授業支援アプリケーションとして「MetaMoJi

（3）内乱の1世紀
（属州拡大によるローマ社会の変化）
・中小農民が長期間戦争に従軍したため、農地が荒廃して没落
・有力者は所有地を拡大、＿＿＿＿＿＿が広がる
　　└＿＿＿＿を使った大土地所有制
・属州からは＿＿＿が大量に流入
→
→中小農民は＿＿＿＿市民となり、ローマへ流入
　　└有力者から＿＿＿＿＿を与えられる

◆重装歩兵の基盤となる中小農民層が没落＝共和政の基盤が崩れ始める

（内乱の始まり）
・＿＿＿兄弟が改革を試みる（前133年、前123年）
　└護民官となり、大土地所有者の土地の没収を計画
　無産市民に土地を分配し、中小農民（自作農）の復活をめざす
※保守派の反対を受け、失敗に終わる
→以後、約100年間、ローマは混乱
・有力者は＿＿派と＿＿派に分かれて対立
　　└元老院が支持　└騎士や平民が支持
　【ex】スラ　　　【ex】マリウス
※有力者は無産市民を集めて軍を編制し、反乱鎮圧や属州拡大で活躍
※貴族、平民ともに属州の拡大を望むため、ローマの領土拡大は続く
※有力者は軍を私兵化して互いに争う
⇒中小農民による軍の編成は不可能となり、職業軍人（傭兵）による軍が編制される

◆ローマ内部で貧富の差が拡大

・イタリア半島内の同盟市がローマ市民権を求めて反乱
→＿＿＿戦争（前91～前88年）に発展
→ローマによる鎮圧後、イタリア半島の自由民にローマ市民権が拡大

・各地で奴隷反乱も多発
【ex】シチリアの奴隷反乱（前135～前132）
　　└＿＿＿＿の反乱（前73～前71）
　　　└剣闘士が指揮した奴隷反乱
◆軍事、政治に秀でた一部の有力者が政治を動かすようになる

（三頭政治）
・前60年、第1回＿＿＿政治が始まる
　　└＿＿＿＿＿を属州化
　　　└現在のフランス
　　ポンペイウス：地中海の海賊を討伐、スラの後継
　　クラックス：スパルタクスの反乱を鎮圧
→元老院に対抗して3人で同盟を結成、政権を握る
→クラックスの死後、カエサルとポンペイウスが対立
→前46年、カエサルがポンペイウスを破り、権力を掌握
　　└インペラトルの称号を与えられる
→前44年、カエサルがディクタトルとなるが、ブルートゥスらに暗殺される

・前43年、第2回三頭政治が始まる
　　＿＿＿＿＿：カエサルの養子
　　＿＿＿＿＿：カエサルの部下
　　レピドゥス
　　　　　　　：カエサルの部下
→レピドゥス失脚後、オクタウィアヌスとアントニウスが対立
→前31年、＿＿＿の海戦でオクタウィアヌスが勝利
　　└相手はアントニウス・＿＿＿＿＿の連合軍
　　　　　　　└プトレマイオス朝の最後の女王
→前30年、プトレマイオス朝滅亡、＿＿＿＿がローマの支配下に入る
→
※内乱の一世紀が終結し、また、＿＿＿＿時代が終わる

【本日のお題】＿＿＿＿＿＿＿＿＿＿＿＿＿＿＿＿＿＿＿＿＿＿＿＿＿＿＿

授業プリント

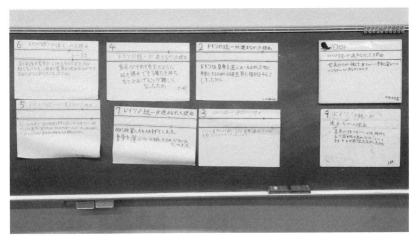

写真3　グループワークでの意見の集約

ClassRoom」が採用された。Classi も ICT 化を進めるうえでさまざまな場面で活躍したのであるが、MetaMoJi ClassRoom は双方向の授業実践でおおいに活用された。このアプリには、① PDF で教材を配布できる、②タブレット上で PDF の教材に直接書き込むことができる（もちろん、手書きも打ち込みもできる）、③生徒の書き込み状況をリアルタイムでモニタリングして、かつ、投影することができる、という機能がある。

機能の①については、これまで紙で配布していた教材をデータで配信するので、印刷や配布の手間がなくなる。生徒が休んでいてもタブレットに全員一斉配信されるので、欠席生徒のことを気にする必要もない。生徒がプリントをなくすということも、いっさいなくなる。また、ペーパーレスなので非常にエコである。生徒も、毎日教師から山のように配布されるプリントを整理するという作業から解放されることになった。

②については個人差があり、紙に書くのとまったく同じというわけにはいかなかった。紙が良いという生徒も一定数存在したし、画面の大きさへの不満、画面の見過ぎで目が疲れるという訴えなど、タブレット端末導入に対する生徒の声はいろいろであった。教材を自宅でプリントアウトして授業で使う生徒も一定数存在した。

個人的には、③の効果が非常に大きかった。生徒の書き込みの様子をモニタリングできるのだが（**写真 4**）、授業中のリアルタイムはもちろん、授業が終わった後の教材点検も簡単にできる。これまでやってきたような、いちいち教材を回収して職員室まで持ち帰り、チェックをし、それを生徒に返却するという作業がなくなった。やろうと思えばいつでも、どこでも、生徒の教材をチェックできるようになったのである。ほかに授業支援アプリとして、「Google Classroom」「ロイロノート・スクール」などがある。私自身は MetaMoJi ClassRoom 以外は使ったことがないので比較はできないが、MetaMoJi ClassRoom はタブレットを使った授業支援アプリとしては非常に優れたアプリといえる。

なお、この段階で教材はすべて PDF で配信するようになり、補足す

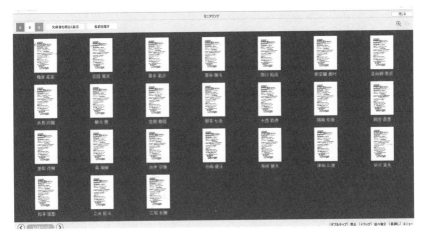

写真4　モニタリング画面

るようなプリントなどもすべてデータで配信した。また、小テストも Classi を利用してウェブ上でおこなったため、授業は完全なペーパーレスとなった。このウェブの小テストは採点も自動、得点の集計や平均点の算出も自動なので、そういった作業からも解放された。同時に授業中にチョークを使う機会もかなり減少した。

【授業】

　iPad 導入後の授業では、①教科書を使う、②ペアワークをおこなう、③学習アプリで復習をする、④教師も iPad を使う、という4つの新しい要素を取り入れた。

　①については、授業で教科書を使うのは当然のことで、本来、目新しいことではない。ただ、これまでは自作の紙教材をベースに、それを補足するかたちで資料集を使い、教科書は自宅で読んでおくものであるとしてあまり使うことはなかった。ところが、PPT 化によって、スクリーンに資料を投影できるようになり、必ずしも資料集が必須ではなくなった。そこで、これまでとは逆に、資料集を使わずにできるだけ教科書だけで授業を進めることを意識するようになった。しっかりと教科書の文章を読ませ、そこから情報を得るという作業を協働でさせることを目

的に、②のペアワークを取り入れた。なお、これまで資料集で確認していた資料については、「デジタル素材集」(山川出版社)を利用し、その資料を投影するようにした。③は後で説明するが、個人端末があるからこそできる活動となる。

④だが、これまでは教室にあるパソコンでPPTを動かしていたが、それをやめた。本校の教室のパソコンは、生徒が勝手に操作できないように鍵付きのラックにおさまっており、教師は授業ごとにラックを開け、パソコンを起動、USBメモリを接続し、データを取り出してPPTを動かさなければならなかった。終わってからは、また逆の作業があり、結構面倒で時間をとられる作業であった。しかし、iPadであれば持ち運びが非常に楽であり、準備も容易である。教師のiPadの画面をプロジェクターに投影する方法は、**コラム4**(→ p.78-79)にて説明しているのでここでは割愛するが、PPTを動かしながら、MetaMoJi ClassRoomでモニタリングをするのに、iPadはちょうど良い大きさであった。以下に、実際の授業の進め方をまとめた。

▶**導入**［2分］　授業内容の概略を説明する。

▶**展開**［18分×2］

・ペアワーク［4分］

教材の空欄部分を記入させる。こちらから説明するのではなく、生徒が教科書を読みながら、隣の生徒と協働で進める。作業状況は随時、iPad上でモニタリングする。作業を完了した生徒から、内容が正しいかどうかのチェックをしていく。半分以上の生徒が終われば、講義となる。

・講義［14分］

PPTで進める。講義が終われば、再度、ペアワーク［4分］→講義［14分］をおこなう。

▶**まとめ**［12分］

・授業内容の復習［5分］

クイズ仕様の学習アプリで授業の復習をおこなう。クイズ仕様の学習

アプリはいろいろあるが、本校では用途に応じて「Quizlet」「Quizizz」「Kahoot!」を使っている。私が使用しているのはQuizletである。QuizizzやKahoot!は個人で競うものに

写真5　クイズ仕様の学習アプリでの授業の復習

なるが、Quizletは団体戦形式で、グループ全員の協力がないと進めることができないので、チーム意識が高まることになる。また、個人端末が使えるからこそできる、という構造になっている。

・問いへの解答［7分］

　こちらが用意している問いに対し、解答させる。3分で解答を書かせ、残った時間で生徒の解答をスクリーンに投影して、考えを共有する。これまではグループごとに、ホワイトボードに書かせて黒板に貼らせていたが、MetaMoJi ClassRoomを使うことで、ピックアップしたグループや個人の画面をスクリーンに投影できるようになり、意見の共有は格段にやりやすくなった。例えば、「古代ローマの人々はなぜ、少数の有力者や独裁者による政治を受け入れたのか」という問いを提示した際、生徒からは「独裁は決断がはやいため」「デカくなりすぎてみんなで政治ができるような状態じゃなかったから」「自分達で決めるよりも優秀な独裁者に権力を集中させたほうが楽だから」などの解答が出た。なお、問いの内容でグループワークか、個人でおこなうかをこちらで選択している。

　発表内容の記録として、これまではグループのホワイトボードをカメラで撮影していたが、スクリーンショットで記録できるようになったので、そういった作業も必要なくなった。

第3段階　生徒が問いを考える

【準備】

　第2段階では、こちらが問いを立てていたが、途中から生徒に問いを考えさせるようにした。同時に問いを考えた生徒が解答のなかからベストの解答を選ぶという作業もさせたが、その際に使用したのが「Googleフォーム」である。事前に生徒をグループに分けておき、当番のグループに問いと解答の集約をさせた。

【授業】

　授業の進め方は、途中まで第2段階と同じである。手を加えたまとめが以下のようになる。

▶まとめ［10分］

・授業内容の復習［5分］

　本日の問いの担当グループを抽選で選び（これもアプリを使用）、すぐに問いをつくらせる。担当グループ以外の生徒は、Quizletで授業の復習をおこなう。クイズが終わり次第、担当グループに問いを発表させる。

・問いへの解答［5分］

　担当グループは解答を回収するためにGoogleフォームで準備をおこなう。リンク先を全員がアクセスできる場所（本校であればClassiを利用）に貼り付ければ、簡単に回収できる。授業が終わるまでに解答を提出させる。解答の作成は、個人単位、グループワークのいずれも可能である。

　担当グループにはつぎの世界史の授業

写真6　発表の様子

までに、ベストの解答とその理由を考えさせる。そして、つぎの授業の
はじめに、前回の授業の内容を1分以内で説明(題して「1分トーク」)
させ、問いのベストの解答とその理由を発表させる。

　ちなみに意見を集約するには、Google フォーム以外に、「Microsoft
Forms」でも同じことができる。ほかにも、リアルタイムでのアンケー
ト、賛成か反対かを多数決で確認できるものなど、いろいろな種類の無
料アプリが存在する。

最終段階　オンライン授業

【準備】

　第3段階において、ペーパーレスとチョークレスの授業が実現したが、
その直後に起こったのが2020年4月の全国一斉休校の延長であった。本
校では2019年度から iPad を導入していたので、オンライン授業をすぐ
に実施することができた。2019年の1年間があったため、本校は右往左
往することなく、オンライン授業で休校期間を乗り切ることができた。

　オンライン授業は、双方向でのライブ、一方からの動画配信という2
つの形式に大別することができるが、本校では2020年4月の段階で
「Zoom」の導入を決め、私が学年主任をしていた高校3年生では第3週
から双方向によるオンライン授業を開始した。すべて手探りの状態で試
行錯誤の連続であったが、4月末までにはある程度、体制を整えること
ができた。

【授業】

　生徒には iPad、教科書に加えてスマートフォンを用意させた。もと
もと iPad による授業をしていたので、生徒が iPad 上で書き込む作業は
これまでと変わらない。教室ではスクリーンに投影していた PPT を、
それぞれ自宅のスマートフォンの画面でみる、というかたちに変化する
だけである。Zoom をとおしてではあるが、生徒の様子は確認できるし、
質問をすれば答えてもくれる。ただし、大半の時間、生徒側の音声をミ

ュートにしているので、反応がいまいちわからないという不便はあった。いわゆるライブ感がないので、どの程度、生徒に伝わっているかが不明であり、そこは改善の余地があると個人的には感じている。

　あくまでも対面の授業ができないというなかで苦肉の策として生まれたオンライン授業なので、対面とまったく同じことを期待するのにはそもそも無理がある。しかし、オンライン授業はいろいろな可能性を秘めた授業形態であり、長期休暇中などで活用できるツールであるのは間違いない。今後も、同じような事態が起こる可能性があるので、備えておくに越したことはない。また、登校しにくい生徒などに対しても、オンライン授業は有効なツールであると思われる。

おわりに

　何事にもバランスが大切であり、極端なことをすればやりすぎになってしまうことは重々承知している。授業のICT化も同様である。ただ、世の中の変化と比較すると、学校の変化のスピードはかなり遅い。目の前にいる生徒は物心ついた頃からスマートフォンが身近にあった、デジタルネイティブといわれる世代である。アラフィフの私と比べれば、ICTに対する距離感は断然近い。そういう生徒に対する授業で、はたしてどこまでICT化を進めることができるのかと考え、思い切ってやれることをとことんやってみたのである。

　ICT化を進めれば何もかもうまくいくというわけではないが、便利になる部分があるのも事実である。学校によって設備や環境は異なるが、まずはできる部分からやってみることをお勧めしたい。

コラム6　クイズ仕様の学習アプリ

　社会科という科目は、授業で多くの歴史用語を扱い、知識としてそれらを定着させる作業が必要となる。つぎの授業までに指定した範囲を生徒にインプットさせ、それを紙の小テストでアウトプットさせて採点する、というのがこれまでの定番のやり方である。「Classi」を導入している学校であればウェブ上で小テストを配信し、自動採点で平均点なども即座に出すこともできる。しかし、生徒らは手強く、高校3年生でなければ、こちらが思っているほど小テストに時間を割いてはくれない。

　この状況を大きく変えることができるのが、クイズ仕様の学習アプリである。iPad のような個人端末がなくても、個人のスマートフォンがあれば利用できる。「Quizlet」「Quizizz」「Kahoot!」などがその代表である。小テストとの大きな違いは、いわゆる「ゲーミフィケーション」であることだ。ゲーミフィケーションとは、ゲーム的な要素をゲーム以外の物事に取り入れることで、例えばレベルアップ、アイテムの獲得、スコア競争などゲームの要素で参加者を熱中させ、その活動を活発化させることが可能となる。学習においてもゲームの要素で生徒を楽しく熱中させ、意欲やモチベーションを高めることができる。具体的には授業内容の用語をクイズ形式で質問し、解答させることになる。

　先にあげた3つのアプリはいずれも生徒が楽しく活動できるようになっているが、筆者は授業で Quizlet を活用している。なぜなら、Quizlet はチーム戦の機能が優れているからだ。Quizizz、Kahoot! は個人でスコアを競う機能がメインとなっていて、そうなると歴史好きな特定の生徒が早く解答をしたり、高いスコアをとったりして、歴史が不得意な生徒は最初からあきらめるようになってしまう。しかし、Quizlet のチーム戦であれば、全員が協力して解答するような仕組みになっており、チームのメンバーの組合わせもつねにランダムであることから、必ずしも歴史好きの生徒が良い結果を残すとは限らないのである。具体的にはつぎ

のようになる。

【Quizlet のチーム戦】

　例えば、3人で1グループ、問題が9問とする。生徒一人一人の iPad には、問題の解答が3つずつ表示される。全員に同じ問題が同時に出題されるが、正解できるのは3人のなかで1人だけとなる。問題が「第1回三頭政治のメンバーで、ガリアに遠征した人は？」であれば、A君が「カエサル」を選択すれば、つぎの問題に進める。A君ではなく、C君が「スパルタクス」など誤答を選択してしまうと、やり直しとなる。問題はランダムに出題され、すべて間違えずに連続して正解すれば終わりとなる。これを10チームほどに分かれて、対戦する。協働の要素が強く、またゲーム形式であることから学力層にかかわらず、多くの生徒が積極的に取り組む(それぞれの画面上のイメージ)。

A君の iPad	B君の iPad	C君の iPad
カエサル アクティウム 内乱の1世紀	クレオパトラ ラティフンディア パンと見世物	スパルタクス ガリア オクタウィアヌス

　先にあげた3つのアプリは、いずれも基本的な機能だけであれば無料で利用できる。もちろん、一定の料金を払えばより良い機能を使えるのだが、無料の機能でも十分である。また、少しだけ手間をかければ、生徒が何度も復習できるようにもなっている。生徒のやる気を引き出すために、ぜひ、活用していただきたい。

(山岡　晃)

ICT による指導と評価の一体化

金間聖幸

勤務校の ICT 環境

教室内の設備

・ノートパソコン、電子黒板型プロジェクター、ホワイトボード(映像を直接投影)。
・全教室で Wi-Fi(無線 LAN 完備)。
・2011年度より、さいたま市立高校の 4 校で共有するネットワークシステムを利用。
・教職員は 1 人 1 台のノートパソコンを専有して校務や授業で活用、顔認証でセキュリティを担保している。

生徒の ICT 環境

・校内は無線 LAN が標準。
・理数科については、理数科用ネットワークを別に構築。また、理数科生徒は、Windows パソコン(レッツノート)を 1 人 1 台無償で貸与。
・xSync(大型電子黒板)が理数関係教室に 8 台設置されている。

生徒の利用端末

・2017年度入学生から、すべての生徒に個人用タブレットを貸与。
・2019年度より、生徒用タブレットを iPad に変更。

生徒のプラットフォーム(全員登録)

・スタディサプリ
・Classi、Classi NOTE
・Microsoft 365(旧 Office 365)
・Google Workspace for Education(旧 G Suite for Education)

・学校内でのスマートフォンの利用は禁止している。
・英語科では、Online Speaking Training 授業をおこなっている。

公立高校としては、全国有数の ICT 先進校といわれる。全生徒が iPad を利用しているため、タブレットを利用する能力はかなり高い。一方でパソコンではないため、キーボードがなく、文字を打つタイピング能力や長文を作成する能力は低い。文字をタブレットへ手書きで入力している生徒もおり、紙をそのままタブレットに置き換えただけの生徒もいる。

はじめに

　今までの地歴・公民科の授業は、判断・解析後の情報、つまり価値が抽出されて知識化されたものを生徒は享受してきた。しかし、今、教育に求められているのは、データ(＝史資料)を教師側が提示し、生徒自身が判断し、ほかの生徒たちとともに協働しながら、一つの答えをつくり上げることである。私がそのための土台においているのが、「共有」と「リテラシー」である。そして、その共有とリテラシーを両立する環境を構築する手段として「ICT の活用」をおいている。

　「Classi」や「Google フォーム」などを活用し、生徒に課題を提出させることによって、教師は ICT 機器やアプリケーションを設定して環境を整えるだけで、生徒の提出した情報を匿名(明示することも可能)で「共有」することが可能になった。さらに、生徒はほかの生徒が入力した内容に容易にアクセスでき、疑似的にグループワークと同じ環境ができる。そして、他者の考えにふれる機会を増やすことで、思考を深めることができる。こうした作業は昔から生徒が提出した内容を紙に写したり、パソコン等で入力してプリントなどに印刷したりして、生徒に配布することで知識の共有をはかっていた。しかし、効果は理解していても、その膨大な作業量から多くの回数を実施できずにいた。それが、ICT を活用することで半自動的にその状況を構築できる。

　一方、近年、めざましい ICT の発展のなかで情報リテラシー・メディアリテラシーが問題となってきた。「リテラシー」とはつまり、何ら

かのかたちで表現されたものを、適切に理解・解釈・分析し、あらためて記述・表現することである。そして今、問題となっているのは、生徒たちのリテラシーが全体的に低下していることではないだろうか。実際に生徒たちは徐々に文章が書けなくなっている。まず、本を読まない。また、会話も単語が多く、LINE アプリなどでも短文や、下手をするとスタンプや顔文字だけのやり取りも多くなってきた。スタンプや顔文字、インターネット用語は、ある種、自分の考えを簡単に置き換えるコピー・アンド・ペーストの変種である。しかし、それらは100%自分の考えを表現したものではないため、何となく近いものを選んでいるだけである。

　ICT 化だからこそ、筆者は今一度、自分の考えを明確に、正確に表現する力が必要だと考える。ICT の活用も、また近年文部科学省が推進しているアクティブ・ラーニング(以下 AL)も、生徒が知識の共有をおこなう点では同じである。今まで、それなりに ICT の活用の研修や実践授業に参加させていただいたが、成果で「生徒は楽しく授業ができた」「考えるようになった」などがある一方で、定期考査等で成績が向上したかというと大きな成果が得られた例が少なかったように思う。その多くは、グループ活動、全体活動で発表して終わってしまい、生徒個人が再度、授業内容を振り返ることがなかった。つまり共有して、それでおしまいとなっていたのではないだろうか。そこで、筆者は講義型授業と、協働学習としてグループワーク・ペアワークを配置し、授業後には ICT を活用して生徒が自ら振り返りができる授業形態としている。

1　授業形態

　生徒たちは、さまざまな学習スタイルをもつといわれる。参考にしているのが、アメリカの組織行動学者のデイヴィッド・コルブの学習スタイルモデルである。コルブは学習スタイルを CE(直接体験)型、RO(内省観察)型、AC(抽象概念)型、AE(試行実験)型の4つに分けている。

	分	学習活動	学習単位	観点別評価
導入	4	教師：the Story's 　　　授業の全体像・主題を説明 生徒：Google Classroom で配信された課題 　　　を確認	個人	―
展開 ①	5 3	教師：Lecture-based Teaching 　　　講義型授業（半動画授業） 生徒：the Reflection　振り返り 　　　ほかの生徒へ説明	個人 集団	知識・技能
展開 ②	5 3	教師：Lecture-based Teaching 　　　講義型授業（半動画授業） 生徒：the Reflection　振り返り 　　　ほかの生徒へ説明	個人 集団	知識・技能
展開 ③	10	生徒：the Structure　協働学習 　　　Google Classroom で配信された Google フ 　　　ォーム（テスト）の課題に取り組む（自動採 　　　点・自動フィードバックで確認）	集団 （個人 でも 可）	知識・技能 思考・判断・表現
まとめ ①	10	生徒：the Restructure　R80で主題に解答 　　　Google Classroom で配信された Google フ 　　　ォーム（テスト）の課題に取り組む（後日採 　　　点）	個人	思考・判断・表現
まとめ ②	10	生徒：SDGs　R80で解答 　　　Google Classroom で配信された Google フ 　　　ォーム（テスト）の課題に取り組む（後日採 　　　点）	個人	主体的に学習に 取り組む態度

授業形態と観点別評価

KOLBのスタイル	歴史的思考力	学習指導要領
具体的経験 CE【feel】	人類の経験	史資料を用いて （グループ学習）
内省的検討 RO【watch】	経験を抽象化	多面的に考察 （グループ学習・振り返り）
抽象的概念 AC【think】	理論・概念化	知識をもとに （講義型授業）
積極的行動 AE【do】	探究	主題学習で着目 （課題演習）

コルブの経験学習を参考にした学習スタイル

CE 型は、権威のある人物から理論的に学ぶよりも、友人や同僚とのフィードバックやディスカッションを通じた学習を得意としているため、グループワークやペアワークなどが合う。RO 型は、観察能力に優れ、公平に物事をみながら学ぶことができるため、講義型授業を好み、体系化された課題や振り返りレポートなども効果的だ。AC 型は、権威ある専門家から、理論や系統だった分析を通じて学ぶのが得意であり、講義型授業やレポート課題なども有効である。AE 型は、プロジェクトやグループディスカッションなどを通じて、目的を明確にしながら、建設的な意見を述べるなどの学習を得意としているため、ケーススタディや実験、ロールプレイなども良い。

　人はそれぞれ得意とする学習スタイルが違う。そこで、筆者はこのような学習スタイルモデルを参考に、さまざまな学習スタイルを複合させた授業展開を意識している。その結果、生徒自身がそれぞれ得意とする「学び」を実現することで個別最適化をはかっている。

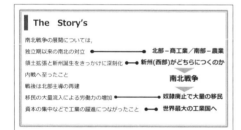

導入　授業の全体像

導入　主題

▶導入

　基本となる授業案を示した表（→p.119、授業形態と観点別評価）を基に説明していく。まず導入では、"the Story's" として、最初に生徒へ本時の授業の全体像を理解させてから授業を開始している。全体像を示すことで、その日の学習内容が歴史の大枠のなかでどの時点に位置し、どのような歴史的意義をもっているかの視点をもたせる。そして導入の最後には、授業後に生徒自身が取り組む主題（本日の論述）を提示する。

■南北戦争｜1861−65
　背景｜1860｜⑯［共］1861-1865暗殺｜<¹　リンカン　>｜が共和党初の大統領に当選
　開始｜1861｜［²　アメリカ連合国　］成立…南部7州離脱、<ジェファソン＝デヴィス>が大統領 ⇒ 戦争開始
　転機｜1862｜［³　ホームステッド法　］…公有地を5年間定住・耕作で160エーカーの土地を無償支給
　　　　　結果｜西部開拓民の支持＋自営農民を増やし南部の奴隷制を否定する
　　　1863｜［⁴　奴隷解放宣言　］…南北戦争の目的（奴隷解放）を国内外へ明確化
　　　　　結果｜国際世論の支持 ⇒ イギリス・フランスは南部支援を中止
　反撃｜1863｜［⁵　ゲティスバーグの戦い　］…南北戦争最大の激戦地で北部の勝利を決定付けた
　　　　　影響｜ゲティスバーグの演説…追悼式典の演説で「人民の人民による人民のための政治」
　終結｜1865｜南部、アメリカ連合国の首都リッチモンドが陥落
■南北戦争後の発展｜世界最大の工業国（1890年代）…石炭・石油・鉄鋼などの重工業が発展
　　　1869｜［⁶　大陸横断鉄道　］（1862許可）開通…中国系クーリー・アイルランド移民が建設 ⇒ 西部開拓が促進
　　　1890｜［⁷　フロンティア　］消滅…アメリカ国内に辺境がなくなる ⇒ 海外進出
■黒人と先住民の差別問題｜奴隷制の廃止は成功
　　　1830｜［⁸　先住民強制移住法　］…先住民をミシシッピ川以西の保留地に強制移住 ⇒「涙の旅路」
　　　1865｜［⁹　シェアクロッパー　］…農具・住居・種子とともに土地を課す小作制 ⇒ 小作料が高く黒人を苦しめる
　　1865-72｜［¹⁰　クー・クラックス・クラン　］（K・K・K）結成…白人優越主義団体が黒人を暴力で弾圧

展開　講義型授業

▶展開①②

　展開は、講義型授業と協働学習の混合型にしている。展開①②は講義型授業で、PowerPoint（以下PPT）のスライドを投影し、生徒には紙のプリントを配布しておこなっている。最初に「今日の"Presentation"は5分間（内容で誤差があり）です。集中していきましょう！」と宣言し、講義を開始する。生徒は時間的・内容的に終わりがわかっているため、集中して聞いている。ここでは生徒への質問をいっさいしない。板書をやめてPPTを活用することで、今まで50分かかっていた内容が5〜10分で説明できるようになった。その結果、協働学習をおこなう時間を確保している。後述するが、PPTで作成したスライドは動画化し、授業後に「Google Sites」を通じて配信している。それにより、生徒は何度でも授業を視聴し復習できる。

　ICTを活用する授業を展開しているのに、プリントを利用することに疑問をもつ人もいるかもしれない。たしかに近年、ICT上でデータを配信できるアプリが多数登場していて、「Classi NOTE」などを本校でも導入している。これは私見だが、こうしたアプリは知識を深めることには有用だが、得られた知識を定着させるために繰り返し見直すには

面倒なように思う。生徒は確認のために毎回、アプリを起動し、該当ページを開く。課題は授業ごとに配信されていることが多く、一つ一つのページやファイルを毎回開く必要があり煩雑となる。それが紙媒体であれば、ページをめくるだけで簡単に繰り返し見直すことができ、復習しやすいと考えてプリントにしている。

とくに近年、暗記するものは、デジタルよりも紙が良いという研究成果も出ている。これは何度も繰り返しみなくてはならないので、デジタルの場合、眼精疲労がたまりやすく回数をこなすことができないからだ。もちろんプリントの構成次第で解釈は変わるが、筆者は復習のしやすさと授業の再現性を重視し、知識を定着させることに主眼をおいている。なお、この判断はあくまで現在時点の筆者の考えであり、GIGA スクール構想が本格的に始動して小学校１年生からパソコン等にふれて育ってきた子どもたちの状態によっては、別の解釈が生まれるだろう。

その後、"the Reflection" として生徒同士がペアで議義の振り返りとわからなかった点を確認し合う。片方が40秒程度で一方に説明し、交代してまた40秒程度で説明をする。こうして生徒同士で情報の共有とわからないものを確認し、学び合いが展開される。いちばん良い覚え方は、人に教えることである。そこで、より人に伝わるような説明を心がけるように指導している。この間、教師は机間巡視して、ペアで迷っている場合、適宜、発問しながら答えに気づくようにしている。このとき、答えを直接教えるのではなく、プリントから読み取れるように誘導する。こうして、教師はファシリテーターの役割をはたす。ここでは生徒２人のペアワークというよりも、教師を含んだ2.5人程度の振り返りをイメージしていただくとわかりやすいと思う。

また、生徒の多くが立ち止まってしまった部分を再度、全体で説明しなおす。約10分で一つの循環が終わり、基本的に毎時間２回おこなう。展開③の協働学習の時間に応じて、まったく講義型授業をおこなわない場合もある。筆者の授業の主体は、あくまで生徒が「思考・判断・表現」を発揮する協働学習であり、その学習を補助するために「知識・技

まとめ　Google フォームでの課題の提出

「能」を学ぶのが講義型授業ととらえてもらえるとわかりやすいと思う。

▶展開③

　展開③は、協働学習をベースに実施する。ペアや人数を強制せず、個人でも可能な状況で、さまざまな課題に取り組む。これは先述したように学習スタイルが人それぞれであることを前提に、個人のほうが良いなら可としてある。ここでの課題は、知識を問うような入試の過去問の問題演習もあれば、資料から読み解く学習もあれば、東大の論述問題をやる場合もある。グループは自然と2〜4人程度にまとまっていくが、なかにはICTを活用して1人で取り組んでいる生徒もいる。

　授業の構図は、展開①②の講義型授業であっても、展開③の協働学習であっても、生徒が情報（知識）から思考力を働かせて分析し、それを周囲と共有し、全体で答えを出していくというかたちは同じである。

▶まとめ

　授業のまとめでは、振り返りとして"R80"を取り入れて、生徒は導入時に提示された主題に対して解答していく。R80のRは、Reflection（振り返り）とRestructure（再構築）のことで、授業のまとめなどを80字以内、2文で記述していく。ここで参照できるのは、プリントなど今ま

で授業で学んできた内容のみで、ほかの生徒との話し合いは禁止している。生徒は「Google Classroom」を通じて、Google フォームで配信された主題に対して解答を「入力」し、「提出」ボタンを押して終了となる。ここで個人に戻し文章を構築させることで、論理力や学力の向上へつなげていく。

　なお、SDGs に関連した課題の作成も心がけている。現在、解決していない問題に対して、主体的に取り組む姿勢をもたせるため、まとめと同様に、R80 を活用して記述させる。ここでの評価規準は、論証があっているかどうかであり、今までの授業で学んだ知識を活用しやすい課題の作成を意識している。

▶学習支援

　Google フォームは提出後、ほかの生徒の入力した解答をみることができるように設定している。時間のある生徒はその場で、時間のない生徒は自宅などでほかの生徒の解答を確認する。こうして再度全体で知識の共有をはかり、生徒自身が誤りに気づき、改善し、知識の正確性や精度を高めて論理力の向上をはかっている。

　また、学習支援として Google Sites を作成し、生徒に実際の授業計画（シラバス）と授業の日程がわかるようにしている。サイトには先述したように授業の PPT を動画化したものも埋め込んでいる。PPT は、授業準備の段階で「スライドショーの記録」を利用して音声を入れている。事前に音声を入れておけば、授業で使う際に「スライドショーの開始」をクリックすると、スライドが移行するタイミングで自動的に音声が流れて説明が入る。これをエキスポートすると動画にもなり、振り返り動画として授業後に配信することで、生徒は何度でも授業を視聴できる。

　授業プリントも同様に、「Google スライド」で作成したものをそのまま空欄補充型スライドとしてサイトに埋め込んでいるため、タブレット等でいつでも確認できる。これらは「Google Workspace for Education」でアカウント管理されており、外部の人は閲覧できないように制御してあるため、安心して共有ができる。

2 評価

　2022年度より、高等学校でも観点別評価が導入されることとなった。観点別評価では、各教科において「知識・技能」「思考・判断・表現」「主体的に学習に取り組む態度」の3観点についてA〜Cの3段階で評価をおこなう。そこで、ICTを活用した評価方法の一つを提案したい。

　まず前提として、教育活動における評価は大きく分けると、形成的評価と総括的評価に分かれる。形成的評価とは、その学習プロセスを通じて身についていく力の評価である。形成的評価は、今までの内申点等と考えるとわかりやすいと思う。近年、最終的な知識だけではなく、プロセスを評価に加味する考え方が強くなっており、そのなかで注目された考え方だと思う。一方で、総括的評価とは、最終的に身についている力の評価である。総括的評価は、今までの定期考査等と考えるとわかりやすいかと思う。

　私はざっくりと分類し、形成的評価を授業評価と宿題等に、総括的評価を定期考査に割り振り、「知識・技能」「思考・判断・表現」について、それぞれ評価をおこなっている。そのほうがほかの先生方と生徒の理解が容易になると想定したからだ。それでは、多くの先生方が困難だと感じているであろう「主体的に学習に取り組む態度」をどのように評価するか。ノートの提出など、提出物での評価などが安易に主張されるが、学習指導要領によるとそのような表記はされていない。地歴の学習指導要領では、以下のとおりに記載されている。

（歴史総合）

　近現代の歴史の変化に関わる諸事象について、<u>よりよい社会の実現を視野に課題を主体的に追究、解決しようとする態度を養う</u>とともに、<u>多面的・多角的な考察や深い理解を通して涵養される</u>日本国民としての自覚、我が国の歴史に対する愛情、他国や他国の文化を尊重することの大切さについての自覚などを深める。

（世界史探究）

世界の歴史の大きな枠組みと展開に関わる諸事象について、<u>よりよい社会の実現を視野に課題を主体的に探究しようとする態度を養う</u>とともに、<u>多面的・多角的な考察や深い理解を通して涵養される</u>日本国民としての自覚、我が国の歴史に対する愛情、他国や他国の文化を尊重することの大切さについての自覚などを深める。

※下線は筆者による。

　要点を整理すると、「主体的に学習に取り組む態度」とは、「よりよい社会の実現を視野に課題を主体的に探究（追究・解決）」しようとする態度であり、「多面的・多角的な考察」≒「思考・判断・表現」、「深い理解」≒「知識・技能」をとおして「涵養される」日本国民としての自覚や歴史に対する愛情等である。

　そこで筆者は、授業を「よりよい社会の実現」を視野に入れた課題を探究する活動であるとして、そのまま「主体的に学習に取り組む態度」の評価に組み込むように構想した。定期考査を排除したのは、それを含むと総合評価＝「主体的に学習に取り組む態度」になる。これでは、「主体的に学習に取り組む態度」だけを評価することになってしまうため、本末転倒だろう。

　授業評価に関しては、筆者は Google Classroom を利用してすべての評価を一元管理している。そこに観点別評価を組み込むと、つぎのような**表**（年間の評価用区分）になる。表の見方は、「知識・技能」「思考・判断・表現」は縦の合計（各学期 2 ％、合計 6 ％）、「主体的に学習に取り組む態度」は形成的評価の横の合計 6 ％と単独の探究課題の 1 ％を足した 7 ％である。

　Google Classroom では、評価（採点）方法として「合計点」または「カテゴリ別加重」を選択できる。「カテゴリ別加重」で評価する場合、システム上、合計を100％にしなくてはならない。基本的には 1 ： 1 などの比で各項目を設定できないが、筆者は課題を設定しない「その他」の項目を設けて、この項目にあまった数字を振る方法をとっている。この

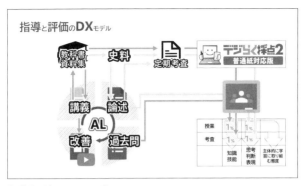

指導と評価の DX モデル

	知識・技能	思考・判断・表現	主体的に学習に取り組む態度
形成的評価	1・1・1 %	1・1・1 %	6 %
総括的評価	1・1・1 %	1・1・1 %	1 %

その他87%

年間の評価用区分　各項目の3分割は各学期の比率となる。

枠に評価を入れない場合、除外して計算してくれる。

　なお、定期考査の評価に関しては、「デジらく採点2」というアプリを利用している。これは観点別評価にも対応しているうえ、Googleの評価に連携することができるため、授業評価とあわせてすべての成績をGoogle Classroomで一元化できる。

　この評価システム自体が大きな改革となる。なぜなら、多くの先生方は内申点の比率が低く、つまり授業の評価をあまり加味せず、その評価規準は定期考査の成績が中心の場合も多い。筆者の評価規準にそって評価をおこなうと、授業が「知識・技能」「思考・判断・表現」と「主体的に学習に取り組む態度」に重複して換算される。結果、授業の比率が高く評価されるシステムとなるからだ。もちろん急激な改革を望まないのであれば、定期考査の比率を引き上げることも可能である。

おわりに

　今回、コルブの学習スタイルモデルを持ち出したのは、さまざまな学習スタイルを複合させた授業形態を提案することで、多くの先生方のこれまでの実践と経験を生かすことができると考えたからである。それらはICT化されても十分に機能するものだと思う。筆者は、従来の授業方法を今回のようなかたちで組み合わせた。同様にすべての先生方が従来の授業方法を、それぞれが学習スタイルの違いを意識してあてはめてもらえれば、それでICTの活用やALという学習指導要領の内容に対応できると思う。

　最後に、ICTの活用は「手段」であって「目的」ではない。昨今、すべてをICT化することが正しいような風潮もある。しかし、考えてほしいのは、それで生徒たちが勉強しやすくなるのかどうかである。筆者が校内研修の最初にいうのは「ICTを使い、生徒たちとキャッチボールをしてください。ドッジボールはやめてください」ということだ。情報を配信すれば生徒は必ず一字一句間違いなく読み理解するわけではなく、むしろ情報量が多くなればなるほど読まなくなる。ICTは共有するには便利なツールである。共有を増やすのではなく、共有を深めることで生徒とより良い関係をつくり、学習しやすくなる環境を構築してほしい。

【参考文献・HP】

小林昭文著／フランクリン・コヴィー・ジャパン監修『7つの習慣×アクティブラーニング　最強の学習習慣が生まれた！』(産業能率大学出版部、2016年)

デイヴィッド・コルブ著／ケイ・ピーターソン著／中野眞由美訳『最強の経験学習』(辰巳出版、2018年)

西岡壱誠『「考える技術」と「地頭力」がいっきに身につく　東大思考』(東洋経済新報社、2020年)

バーバラ・オークレー著／オラフ・シーヴェ著／宮本喜一訳『LEARN LIKE A

PRO　学び方の学び方』(アチーブメント出版社、2021年)

平塚知真子『Google 式10X　リモート仕事術　あなたはまだホントの Google を知らない』(ダイヤモンド社、2020年)

筆者ホームページ(https://www.youtube.com/channel/UCLqoJs_AMWFkt8cDyhoGsVw、最終閲覧日：2023年 2 月20日)

本実践の授業プリント・スライド等のデータ(一部)は、こちらから確認できます。
https://ywl.jp/c/hsw

コラム7　Google 系と Microsoft 系

　Chromebook は、Google 独自の OS を搭載したパソコンである。その
イメージの多くは、低性能の廉価版のパソコンだろう。しかし、
Chromebook は Gmail や Google マップなど20種類におよぶ Google ツー
ルに最適化されたパソコンであり、ハードウェアを選ばないツールだか
らこそ低性能でも十分なのである。

　その特徴として、まず Chromebook は「2 in 1」といってタブレット
にもパソコンにもなる機種が多い。小学校ではタブレットとしてタッチ
パネルに徐々に慣れて、中学・高校ではパソコンとしてキーボード入力
を学ぶなど、発達段階に応じて利用できる柔軟性がある。さらに、
Chromebook は起動しているあいだに半分の領域で OS を更新し、つぎ
の起動の際に更新された OS でプログラム破損やウイルス感染も自動で
修復するため、セキュリティソフトが不要となる。こちらが予想できな
い使い方をする子どもたちには、最適な選択肢だろう。

　また、多くのデータをクラウド(セキュリティ・暗号で保護されてい
るインターネット上の記録領域)で保存し、ソフトウェアのインストー
ルを制限できる。何をインストールするかは Google アカウントで一元
的に管理できるため、教育現場では最適なハードウェアだといえる。
Google ツールも Chromebook 以外のタブレットではアプリ版を利用す
るため制限を受けるが、Chromebook の場合はパソコンとして利用する
ためそれもない。欠点は、インターネットが利用できない環境では使え
ないことだろう。

　つぎに授業で活用しやすい Google ツールを紹介したい。「Google
Classroom」は、指導と学習を1か所で管理できるツールである。指導
面では、生徒との連絡、アンケート、振り返りなど情報の配信と共有が
容易にできる。学習面では、課題配信、提出、採点、返却、フィードバ
ックから、成績管理までを1つのツール上でおこなうことができる。

Android Auto	Android OS	Android TV	Cardboard
Chrome	Chrome Enterprise	Chromebook	Chromecast
Earth	Exposure Notifications	Gboard	Gmail
Google Arts & Culture	Google Cast	Google Chat	Google Classroom
Google Expeditions	Google Express	Google Fi	Google Fit
Google Fonts	Google Meet	Google One	Google Pay
Google Play	Google Play Books	Google Play ゲーム	Google Play ムービー & TV
Google Scholar	Google Shopping	Google Street View	Google TV
Google アシスタント	Google アラート	Google クラウド プリント	Google グループ
Google サイト	Google ストア	Google フライト	Google 入力ツール
Keep	Nest Wifi	Pixel	Play プロテクト
Podcasts	Tilt Brush	Travel	Voice
Waze	Wear OS by Google	YouTube	YouTube Kids
YouTube Music	YouTube TV	カレンダー	スプレッドシート
スマートホーム	スライド	ドキュメント	ドライブ
ニュース	ハングアウト	ファイナンス	フォト
フォーム	マップ	メッセージ	図形描画
検索	翻訳	連絡先	

「指導と評価の一体化」をそのままかたちにしたツールである。また、ルーブリック評価や項目別評価にも対応しているため、観点別評価の収集にも対応できることが強みだ。

　「Google Earth」は、3次元の地図になる。とくに、ストリートビューで、360度表示できる画像の臨場感はその場にいるかのような印象を与える。少し慣れた人であれば、ツアー機能も活用してもらいたい。ツ

アーのなかで、「Voyager」というほかの人がつくったツアーやクイズを無料で利用できる。また、自分でツアーを作成する「プロジェクト」もあり、地図に書き込みや解説が入ったスライドを自由に挿入できる。

発展形として、「Google Earth Engine」というものがあり、これは研究者用に公開された気象・地形データの経年変化をみることができるツールである。例えば、アラル海の減退やアマゾンの熱帯雨林の減少を追ってみることができる。これから先の地理総合や探究等で有効活用できるツールとして期待している。

「Google Arts & Culture」は、多くの博物館・美術館等にオンラインで訪問できるツールである。このツールでは、博物館等の内部を Google Earth のストリートビューのように表示して探検ができる。また、Google Earth と同じようにさまざまな解説・演出・クイズもそろっている。AR 機能があり、タブレット等を通じて、まるで目の前に絵画や銅像があるかのように表示することも可能である。

つぎに Microsoft 系のツールをみていきたい。まずは、Microsoft 365 である。従来の Office と違い買い切りではなく、月額料金(年払い可能)で随時、機能が更新され、インターネット環境からログインして利用するアプリである。インターネットからログインするため Office を買っていなくても利用できる。欠点は、インターネット上で利用することを想定しており、一部の機能やフォント、PPT のアニメーション等に制限がある。

最後に「Google ドライブ」と「OneDrive」は、Google と Microsoft でそれぞれ出しているデータをクラウドで保管する仕組みである。双方とも、アカウントでログインすれば、どこでもデータの出し入れ・書き換えができるため、USB メモリなどの外部記録媒体が不要となる。また、アカウントを利用して共有できるため、それぞれのツールで共同編集も可能となる。

（金間　聖幸）

おわりに

　2018年2月、ある私立学校の「ICT公開授業研究会」に参加しました。その学校は1人1台端末と校内Wi-Fi化が整備され、生徒がタブレットを学習道具の一つとしてごく普通に使っていました。この研究会で衝撃を受け、私はいろいろな学校のICTの授業研究会や教育支援サービスが主催する研修会などに足を運び、学んだ実践事例やノウハウをもとに、ICTの要素を授業で取り入れるようになりました。

　今回、本書にかかわった先生方は私と同様、勤務校が「GIGAスクール構想」より前にICTを取り入れていたので、結果としてほんの少しですがみなさんより先にICTの経験を得ることができました。公立の厳しい環境下で実践されている先生、行政の支援のもとで先行実施されている先生、私立でICTの導入が学校の宣伝にもつながることから積極的に推進されている先生などの事例となっています。こうした状況の異なるさまざまな実践事例をまとめてありますので、現在のご自身の環境に応じて、参考になりそうな事例を取り入れていただければと思います。

　GIGAスクール構想によってハード面は整いつつありますが、BYOD（個人所有の端末を自由に持ち込める）とBYAD（学校側が推奨機種を決める）の選択、端末の種類（パソコン、タブレット、スマートフォン）の選択、大容量の高速通信網の整備など課題は残っています。しかし、もはやICTを無視した授業はありえない状況となりました。私も最初は試行錯誤を繰り返しましたが、デジタルネイティブである生徒からも教わりつつ、少しずつ授業のかたちを整えていきました。みなさんもいきなり高度なものをめざすのではなく、ICTをあくまでも学習道具の一つとして、授業の一場面から使ってみることをお勧めします。

　最後にご協力いただいたみなさん、機会をくださった出版社のみなさんに感謝申し上げます。

編　者

編　者

山岡　　晃　やまおかあきら（甲南高等学校・中学校）

執筆者

金間　聖幸　かなまとしゆき（さいたま市立大宮北高等学校）

﨑谷　恵美　さきやえみ（大阪府立春日丘高等学校）

佐藤　克彦　さとうかつひこ（千葉県立津田沼高等学校）

深田富佐夫　ふかたふさお（成田高等学校）

藤原　祥子　ふじわらさちこ（親和中学校・親和女子高等学校）

松木　美加　まつきみか（神奈川県立横須賀大津高等学校）

五十音順，所属は2023年4月現在

写真・資料提供，協力（五十音順，下記以外は本文に記載しています）

国立国会図書館　ユニフォトプレス

Google　The LIFE Picture Collection／Shutterstock

ゼロからはじめる ICT 授業のつくり方　歴史

2023年4月10日　第1版第1刷印刷　　2023年4月20日　第1版第1刷発行

編　者　　山岡晃（やまおかあきら）

発行者　　野澤武史

発行所　　株式会社　山川出版社
　　　　　〒101-0047　東京都千代田区内神田1-13-13
　　　　　電話　03(3293)8131(営業)　03(3293)8135(編集)
　　　　　https://www.yamakawa.co.jp/　　振替　00120-9-43993

印刷所　　株式会社　太平印刷社

製本所　　株式会社　ブロケード

装　幀　　水戸部功